明日も行きたい
教室づくり

クラス会議で育てる
心理的安全性

赤坂真二 著

JN032688

明治図書

はじめに

　今，みなさんの目には，教室は，学校はどのように見えていますか。

　いじめ，不登校，学級の荒れなどに象徴されるように，教室に不安を抱える児童生徒は少なくありません。いじめの認知件数及び不登校の児童生徒の数は増加の一途を辿るばかりです。しかし，学校に対して不安を感じるのは，子どもたちだけではありません。学級経営や児童生徒の指導だけでなく，職務遂行そのものに対して見通しがもてずに職業継続の危機を感じる教師も少なくないでしょう。

　そんな教師の安心感が欠如している状態で，子どもたちに安全で安心な教室を提供できるわけがありません。どこから改善の手を打っていいかわからない学校教育への漠然とした不安に対して，それを解決する最適解のひとつを示したいと思います。本書のテーマは，クラス会議による心理的安全性の育成です。本書を手にしたみなさんが，今，最も求めているのが教室の心理的安全性ではないでしょうか。そして，心理的安全性の確保には，クラス会議が有効なのではないかと直感的に思っていらっしゃるのではないでしょうか。

　本書はそんな皆さんの「背中を押す」一冊となることでしょう。本書の内容を理解し実践することによって以下のような効果をねらっています。

1　学習環境の質の向上

　本書は，教育現場において心理的安全性を高めるための具体的な手法やアプローチを提供します。読者が心理的安全性を理解し，実践的な方法を学ぶことにより，学習環境の質が向上し，教育活動の効果が高まることでしょう。

2　対人関係の向上

　クラス会議やグループディスカッションにおいて心理的安全性を確保することは，対人関係を改善し，協力的なコミュニケーションを促進します。本書は，個人や集団の対話におけるコミュニケーションスキルを向上させるヒ

ントとなるでしょう。

3　学習意欲の向上

　子どもたちが心理的に安心を感じる環境では，学習意欲が高まることが期待されます。本書のアプローチを取り入れたクラス会議やグループ活動により，子どもたちは，自分の意見や考えを自由に表現し，主体的に学びに取り組むようになるでしょう。

4　心理的健康のサポート

　心理的安全性を育むアプローチは，ストレスや不安を軽減し，精神的な健康をサポートします。クラス会議を通じて感情や悩みを共有できる場が提供され，子どもたちは心の健康を維持しやすくなるでしょう。

5　社会的スキルの向上

　本書は，児童生徒のコミュニケーション能力，協力，リーダーシップなどの社会的スキルを向上させる一助となります。これらのスキルを身につけることは，将来のキャリア形成や日常生活の問題解決に寄与します。

6　教育コミュニティの発展

　学校全体で心理的安全性の理解と実践が広がれば，より広い範囲の質の高い学習環境が築かれます。これにより，教室だけでなく，学校全体の教育環境の向上につながります。

7　心理的安全性の波及

　本書を通じて，心理的安全性の概念と方法が広まり，読者のみなさんが所属する，異なるコミュニティでの応用が可能になります。最も可能性が高いのが職員室への応用です。学級での心理的安全性の保障を大事にする教員が増えれば，職員の意識に少なからず影響が及ぼされます。これによって，より多くの教師が心理的安全性を体験し，そのよさを受け取る機会が広がることでしょう。

　心理的安全性は，もともと産業界で注目された概念です。クラス会議は，家族会議から発展してきた理論と方法です。クラス会議による心理的安全性

の育成は，教室や学校に留まらず，社会の様々な場面に応用や活用が可能なのです。クラス会議の実践と研究を進めるネルセンら（会沢訳，2000）は，クラス会議の機能を「人生のあらゆる領域—学校，職場，社会，家庭—で成功を収めるために必要不可欠なスキルと態度を教える」と説明しています[1]。クラス会議を学ぶことは，キャリア教育そのものなのです。

　本書は3章構成です。第1章では，私が学校改善で関わらせていただいた印象的なクラス会議の実例を紹介しています。クラス会議は私たちの心を揺さぶるような様々な事実を起こします。お伝えできるのは，そのほんの断片ですが，クラス会議の効果のすさまじさを感じていただけるでしょう。第2章では，クラス会議のバックボーンになっているアドラー心理学と心理的安全性の関わりを示しました。実践するには，方法を支える考え方を理解する必要があります。方法自体は方向性をもっていません。考え方を知らずして，方法論を使用することは，運転手を乗せずに車を走らせるようなものです。クラス会議がどのように心理的安全性の確保と育成に寄与するのか，大枠をつかんでいただければと思います。そして，第3章は，クラス会議の方法論を，指導案形式で示しました。授業で使用できる資料も掲載しました。クラス会議の方法論は，これまでいくつかの書籍に示してきましたが，日々進化しています。可能な限り具体にこだわって表現しました。本書を小脇に抱えながら実践を進めていただけることでしょう。

　本書の活用によって，みなさんの教室に心理的安全性が醸成され，子どもたちも教師も，「明日も行きたい」と思える教室が実現することを願ってやみません。

2024年2月　赤坂真二

引用文献

1　J. ネルセン，L. ロット，H. S. グレン，会沢信彦訳『クラス会議で子どもが変わる　アドラー心理学でポジティブ学級づくり』コスモス・ライブラリー，2000

目次

第3章　　　　　　　　　　　クラス会議の指導案

第 1 章

クラス会議でクラスが育つ
学校が変わる

1 児童飛び出し1日5件の学校で

　ある場所で教員研修の講師を務めたときのことです。

　研修が終わると2人の女性の先生に声をかけられました。

> 　うちの学校に来て話をしていただけませんか。

　聞けば，お2人とも会場からはかなり遠くの学校から飛行機や電車を乗り継いで講座に参加されたようでした。特別支援ニーズを要する子どもたちが比較的多く在籍する学校であり，また，生徒指導案件で落ち着かない状態の学級が複数あり，通常学級が安定しないと特別支援教育や授業改善も機能しないのではないかとのことでした。それから数年，私の学校改善の仕事のなかでもとても印象的で忘れられない学校の一つとなりました。関わらせていただき3年程経った頃でしょうか，窓口となってくださった先生が，職員の声ということで，校内研修での先生方の声を聞かせてくれました。

> 　4年前に異動してきたときも，先生方は，それぞれに子どもに真剣に対応して一生懸命取り組んでいたが，子どもが落ち着かず，不適応行動をする子が多かった。
>
> 　授業にわざと遅れ，友達とのトラブルが絶えず，あちこちでケンカが起こり，教師はその対応に追われて授業どころではなくなり，毎日のようにケース会議や保護者へのクレーム対応に追われる日々だった。
>
> 　しかし，今の研究に取り組むようになってから，学校全体が落ち着き，深刻な生徒指導上の問題が少なくなり，不登校が減った。クラス会議（学級活動・話し合い活動）を集団づくりに取り入れて継続している学年は，まとまりが出て授業態度が落ち着き，学校に適応している子が多い。

クラス会議を通してちゃんと子ども同士の関係が育ってきていて，また，担任と子どもとの信頼関係も良好である。

　特別支援的な配慮を要する子が対等に意見を言えるようになったり，真剣に参加したりできるようになっている。

　低学年の頃は，集団についていくのがやっとで，コミュニケーションが苦手で，誰かの言葉に敏感に反応して「集団がうるさくて嫌」と，なりがちで，人一倍不適応になりやすい彼らが，クラス，学年の雰囲気がいいので，先生がいるいないにかかわらず，「先生の前で怒られないようにちゃんとしよう」ではなく，先生がいないときでも，子ども集団で協力して動いている。

　私立幼稚園の保護者や先生方から，A小は，いい学校だと聞いたから通わせたい，との相談が年々増えている。

　学校の体制がしっかりしてきて，職員の意識が高くみんなで協力してやろうとする雰囲気がある。超多忙だけど，学校に来たらまた頑張ろうと思えるし，やりがいを感じている。

　こちらの学校では，「集団づくり」「授業づくり」「インクルーシブ教育」の3本柱で学校改善に取り組んでいます。クラス会議だけで「こうなった」というよりも，先生方の取り組みの一隅にクラス会議があったということだと思いますが，少なくともクラス会議という方法に，確かな手ごたえを感じているようです。

　かつては，児童の飛び出し案件が1日に5件以上ありましたが，このときのお話では，年間5件以下になっていたそうです。特別支援ニーズのある子どもたちの学校やクラスへの適応感が下がっていることが，近年の関連の研究で報告されていますが，こちらの学校ではそうしたニーズのある子どもたちも安心して教室で過ごすことができていることがわかります。その要因の一つに，教室のよい「雰囲気」があることが窺えます。

2 ダイバーシティの学校で

　招聘に応じてその学校を訪問し，6年生の教室を参観させていただきました。30人くらいの子どもたちが輪になって話し合いを始めるところでした。クラス会議をやっていました。いい気分になったことや感謝したいことを，輪になった座席順に発表していました。

　ある男子児童が発言しました。しかし，何を言っているのか私にはまったく理解できませんでした。日本語はもちろん，英語でもありませんでした。後でわかったのですが，その子は最近海外から転入してきたそうで，彼は，ポルトガル語で発言していたのでした。そのポルトガル語の発言を，子どもたちは「これが私たちのありふれた日常です」と言わんばかりの表情で聞いていました。その場面にも驚きましたが，さらに驚いたのはその後です。隣の席の女子が，「今，この子は，こう言ったの」と言って，流暢な日本語で彼の発言を翻訳しました。これもまたあまりにも平然と起こっていて，彼女の表情は「いつものことですが，何か？」と見ている私に言っているかのようでした。

　こちらの学校は，自動車関連の工場で働く外国人労働者が増加したことに伴い，フィリピン，ペルー，中国，インドネシアなどにルーツをもつ児童が増え，このときは約2割を占めていました。学区には2つの県営住宅があり，転出入も多く，多様な価値観，様々な家庭環境の子どもたちが1つの校舎のなかで共に過ごしていました。

　そんななか，市教委の依頼を受け，研究指定校となりました。子どもたちが学び合っていくためには，互いの信頼関係が不可欠だと考え，クラス会議に注目したとのことです。安心できる学級状態のなかで，豊かに学ぶ算数の授業の創造を目指しました。

　5年生のある学級では，転入したばかりで外国にルーツのある男子児童A

君に関わる悩みをクラス会議で取りあげました。A君は，みんなとなかよくなりたかったのですが，適切な方法がわからなかったのでしょうか。場違いの大きな声であいさつしたり，誰も笑っていないときに笑ったりするなどのことがあり，周りの子どもたちから少々疎まれてしまっているところがありました。

　その日の議題は「みんなで仲良くするためにはどうしたらいいか」でした。対象は「みんな」となっていますが，議題の中心には明らかにA君のことがありました。話し合いが始まると，子どもたちは言葉を選びながらも，A君が直すべきところを指摘していきました。しかし，次第に子どもたちの意見の流れが変わっていきました。「注意して直らないのはその人だけのせいじゃないかも」「いろいろな指摘が，みんなにもあてはまるのではないか？」「一人のことを話しているようだけど，これはみんなの問題なのではないか？」といった意見が出たのち，子どもたちは，普段からの自分たちのコミュニケーション不足に気づきます。この日の結論は，「もっとみんなで普段から話そう」ということに決まりました。

　この後，A君の大きな声を出したり，突然笑い出したりするような行動はおさまっていきます。これは，小学館の『総合教育技術』2018年5月号に掲載された，当時の愛知県安城市立祥南小学校，校長加藤雅亮氏へのインタビュー記事がもとになっています[1]。

　こちらの学校では，2017年10月に公開研究会が行われました。各クラスのクラス会議を参観して参加者からは次のような声が聞かれたと言います。

・学校全体であたたかく，すべての子を受け入れている姿が伝わってきました。
・友だちの意見に最後まで耳を傾ける姿が印象に残りました。友達を受け入れることが自然にできていると感じました。担任の先生があたたかいクラスづくりをされているからだろうと思います。
・一人一人の子どもたちが，その場でクラスの仲間のために一生懸命考

　これらの感想からも，学校のあたたかい雰囲気が伝わってくることでしょう。加藤校長は，このインタビューのなかで「最終形」と表現するクラス会議のことを紹介しています。少し長いですが，その部分を引用します。

　議題提案者の B さんのクラスメイトへの圧倒的な信頼を感じます。自分の最も「やわらか」で「傷つきやすい」部分をさらけ出して，「みんなの考えを聞きたい」と話し合いの輪のなかに飛び込んだのです。話題が話題だけに，最初はクラスメイトも，彼女の心情を慮り，当たり障りのないことを言っていました。しかし，話し合い中盤にあふれ出た彼女の本気の願いに触れて，本気で応えたのではないでしょうか。B さんは，クラスメイトが自分の本気を正面から受け止めてくれたことを感じ，もう一度，家族に向き合う決心をしたとのことです。

3 「閉塞感」突破の切り口

　この事例を聞き，参観させていただいた，もう一つのクラス会議が思い出されました。議題は，小学校5年生の女子，Cさんの悩みでした。彼女の家は，地元で有名な老舗の名店でした。しかし，残念なことに若くしてお母さんが亡くなってしまいました。すると，家族内で跡継ぎ問題が発生したそうです。おばあちゃんとお父さんは，それまであまり話題にすることのなかった家業の継承を彼女に要望し始めたそうです。お母さんが亡くなったことによって，伝統の家業が存亡の危機に瀕したわけです。

　しかし，彼女には音楽を勉強したいという夢がありました。将来はそうした関係の仕事に就くことを考えていたのかもしれません。そうした希望を家族に伝えても，なかなか取り合ってもらえなかったようで，彼女は悩んだ結果，クラス会議で相談しました。「自分は夢をあきらめて家業を継ぐべきかどうか」という議題が提案されました。

　クラス会議が始まると，子どもたちの誰もが知っている老舗故，クラスメイトからも「家業を継ぐべき」「お店がなくなったら困る」との意見が続きました。しかし，ある意見で，話の流れが変わります。一人の女子児童が，「家業はとても大事だし，私の家もCさんのお家の商品にはお世話になっているけど，やっぱり自分の夢だから音楽の勉強をすべき」と，それまでの流れと異なる意見を言いました。すると，女子を中心に「家族ともう一度話し合うべき」「家族に強くお願いするべき」との意見が，次々と出てきました。男子児童を中心とする「家業を継ぐべき」との主張は，少し形を変え，「自分の納得が大事」との意見も出てきました。

　結局，Cさんが最終的に選んだのは「家族ともう一度話し合う」でした。そして，参観を終えて2か月後，私が大学の授業に向かう直前に，担任の先生からメールがきました。

先生，先日は授業参観ありがとうございました。Cさんのことで報告があります。彼女は，あれからもう一度家族と話し合いをもったそうです。そうしたら，お父さんもおばあちゃんも，音楽の勉強をしてもいいと言ってくれたそうです。それで，彼女は，音楽の勉強と家業に関わる勉強，どちらもやることにしたそうです。嬉しかったので先生にもお知らせさせていただきました。

　Cさんも，Bさんと同様にクラスメイトに自分の気持ちを受け入れてもらうことで，家族に再度向き合う気力を得たのではないでしょうか。家族の障害のことも，跡継ぎ問題も，10歳そこそこの子どもたちには少し肩の荷が重いように思います。しかし，そこは子どもといえども現実を生きる一人の人であるわけですから，自分の想定を超えるような課題や困難に遭遇することも当然あるでしょう。

　人生は課題の連続であると捉え，それを克服することで人は幸せに生きる力を獲得していくと考えたのがアドラー心理学です。アドラー心理学では，困難を克服する気力を勇気と呼び，その勇気は人と人とのつながりから生まれてくると考えています。尊敬し，信頼できる仲間が，困難を克服する気力を与えてくれるのです。

　そう考えたときに，今の子どもたちには，どれくらい自分を勇気づけてくれる味方や仲間がいるのでしょうか。子どもたちの人間関係の希薄化が指摘されてからずいぶんと時間が経ちました。ということは，かつて子どもだった今の大人たちも希薄な人間関係のなかで生きてきたがゆえに，それを受け入れてしまっている可能性があります。みなさんはいかがでしょうか。自分の弱みをさらけ出してもそれを受け入れ，そして，困難を克服する勇気をくれるような存在は周りにどれくらいいるでしょうか。

　日本は，1990年代初頭のバブル崩壊から，失われた30年と呼ばれる長い経済の低迷状態が続いています。「元気のない状況」が長く続くことによって，社会全体に閉塞感が漂っているように思います。1990年代は，経済の低迷が

始まったと同時に，人々の生活の個別化が始まったときでもあります。コンビニエンスストア，インターネットの普及によって，一人でいるためには便利なインフラが整えられ始めたわけです。人々は人とのしがらみから解放される一方で，孤独とも向き合わなくてはならなくなりました。インターネットの普及，それにともなう携帯端末の普及はその孤独を埋め合わせるにはもってこいの道具だったと思います。しかし，電子でのつながりはわずらわしさが少ない分，クリックやタッチ一つで容易に関係が断ち切れる脆いものでした。

　その儚さを補うために，端末を通じて薄いつながりをかき集めるように獲得する時代に突入していきます。インターネットでのつながりは，相手の機嫌や気分を損ねないように，相手に不快感を与えないように細心の注意が払われます。なぜなら，それをしたら関係が断ち切れてしまうと思い込んでいるからです。人々は，大量でありながら薄いつながりのなかで，その確保と維持で疲弊していったのではないでしょうか。

　2014年に『嫌われる勇気』という書籍が出版され，大ヒットしたのはそんな状況だったと思われます。互いに腫物に触るかのようにつながっていた人々に，新しい生き方への具体的アドバイスとして期待されたのでしょう。このベストセラーは，アドラー心理学の主張がベースになって展開されていたため，アドラー心理学は教育や心理臨床以外の分野からも幅広く注目されることとなりました。

　世の中に閉塞感があるときは，それを打破してくれるものに注目が集まります。心理的安全性への注目も，そうしたニュアンスが含まれているのではないでしょうか。後ほど述べますが，そもそも心理的安全性は，アメリカにおいて産業構造の変化が求められるなかで，生産性を高めるための組織のあり方として存在感を増してきた概念です。しかし，日本においては生産性の向上といった側面よりも，関係性の向上やメンタルヘルスといった側面で注目されているように思います。特に学校現場では，教育全体を包み込んでいる閉塞感の打開の方向性として注目が集まっているのではないでしょうか。

不登校30万人の時代を迎え，学校の存在意義が問われ，学校も不安定感の真っ只中にあると言えます。しかし，一方で，先ほど紹介した事例のように，心理的安全性を確保することで，コミュニティとしての学校やクラスの教育力を活性化し，子どもも教師も生き生きと学んでいる学校があります。

　それらの取り組みの中心にクラス会議がありました。クラス会議は心理的安全性とどのように関わり，それを実現するのか，次章以降でそれを解明していきます。

引用文献

1　愛知県安城市立祥南小学校「小学校実践事例「クラス会議」の活動を通して，学級の問題を話し合いで解決できる児童を育む」小学館『総合教育技術』第73巻第2号，2018，pp.52-55

第2章

アドラー心理学と心理的安全性

1　アルフレッド・アドラーの考え

　まず,「やる気」の心理学と呼ばれるアドラー心理学についてです。アドラー心理学とはどのような理論なのでしょうか。

　アドラー心理学の提唱者である,アルフレッド・アドラー（Alfred Adler, 1870—1937）は,オーストリア生まれの精神科医であり,20世紀初頭に活動した心理学者です。彼は個人心理学（Individual Psychology）として知られる心理学の学派を設立し,多くの重要な貢献をしました。「アドラー心理学」という名称は,アドラーに敬意を示して弟子たちがそう呼んだために,世界中に「アドラー心理学」として知られましたが,彼自身は,そうは呼ばなかったと理解しています。

　本書でお伝えするクラス会議は,その理論と実践の基盤をアドラー心理学に置いています。クラス会議を理解するためには,アドラー心理学を知っておく必要があります。また,アドラー心理学を理解するためには,提唱者のアルフレッド・アドラーという人が,どのような人だったのかを知ることでその理解がより深まることでしょう。

　アドラー心理学に関する書籍は,膨大に刊行されています。アドラーのことやアドラー心理学をさらに詳しく,さらに体系的に知りたい方は,それらの書籍にあたっていただければと思います。ここでは,クラス会議を理解するために必要最小限のアドラーに関する情報を私の視点でかいつまんで説明します。

1　アドラー心理学の独自性

　アルフレッド・アドラーは1870年にオーストリアのウィーンで生まれました。彼は医者を志し,精神医学を専攻し,精神科の医師となりました。1902

年からフロイトのウィーン精神分析学会の中核的メンバーとして活躍していました。しかし，学説上の対立から学会を脱退し，フロイトの理論とは相容れない独自の理論を構築し，それを「個人心理学（Individual Psychology）」と名づけました。個人心理学とは聞き慣れない言葉かも知れませんが，アドラーは，人間は分割できないものであり，人間は統一されたものであると考えていました。フロイトの考えとアドラーの考えの違いは，いろいろな方が整理してくださっていますが，私なりにまとめると次のようになります。

　まず，本質的な動機づけが異なります。フロイトの理論では，人を本質的に動機づけるものとして，性的な欲望（リビドー）を強調しました。彼は性的衝動や欲望が人間の行動や心理に根本的な影響を与えると考えたのです。一方，アドラーの理論では，社会的な動機づけや個人の目標や価値観が中心にあります。彼は個体が社会的な共感や成功を求める存在であると主張しました。

　次に，個人の発達に焦点を当てたことです。フロイトの理論では，幼児期の性的な発達段階（口唇，肛門，陰茎など）に焦点を当てました。これらの段階での経験が，個人の性格や心理病理学的な問題に影響を与えると考えました。一方，アドラーの理論では，個人の発達は幼少期から成人期にかけての社会的な要因や仲間とのつながりの感覚に関連していると考えました。彼は，ライフスタイルという概念を導入し，これが個人の行動や人生の方向性を形成すると主張しました。

　ライフスタイルという用語もアドラー心理学を学んでいる方には，耳慣れた言葉だと思いますが，初めて耳にする方もいることでしょう。アドラー心理学では，他の心理学で「性格」「パーソナリティ」と呼んでいるものを「ライフスタイル」と言います。ライフスタイルは，性格のような意味だと捉えれば理解しやすいかもしれません。しかし，性格というと子どもの頃にほとんど決まってしまい，変わりにくいものだというのが一般的な捉えだと思われます。しかしアドラーの考えでは，性格は自分が決心さえすれば，変わるものなので，それは一つの型にすぎないと捉えていて，そのために「ス

タイル」という言葉を使っています。

第3に，現在の行動を理解する視点が異なります。フロイトは過去の経験や無意識の欲望が現在の行動に影響を与えると考え，精神分析において過去の出来事の解釈に焦点を当てました。対照的に，アドラーは未来志向のアプローチを採用し，個体が自分の目標に向かって進む能力を強調しました。彼は，人々は未来への理想をもって行動すると捉えたのでした。

4点目は社会性を強調していることです。アドラーは，人の存在において，社会性や仲間とつながっている感覚を中心に位置づけました。彼は個を理解するときに，社会との調和や他の人々との協力や共感する営みを重視したのです。こうした意味で，フロイトの理論は，より個に注目した個人主義的な考え方であり，欲望やトラウマに焦点を当てたものだと言えます。一方，アドラーの理論は，周囲の環境と個の存在を分離せず，つながっている存在として捉えていることがその特徴としてあげられます。

これらはフロイトとアドラーの理論の違いの全てではなく，あくまでも私が捉えている違いの一部です。しかし，これだけ見ても，両者のアプローチは随分と異なる視点をもっており，個人の心理や行動について異なる解釈を提供しています。

2 アドラー心理学が発展した背景に関する私見

ではなぜ，アドラーは日本社会，それも学校という独特のコミュニティにおける営みを理解するときに活用可能な理論を構築することができたのでしょうか。

アルフレッド・アドラーが個人心理学（Individual Psychology）を提唱するに至った背景には，彼自身の経験や観察，そして当時の精神医学と心理学の流れがありました。以下に，アドラーが個人心理学を発展させるに至った背景要因を考察します。

① アドラー心理学の未来志向性

　アルフレッド・アドラーは，自身が病弱な子どもとして生まれ，子ども時代に疾患に苦しんだ経験をもっていました。これらの経験は，彼が健康や身体的弱さに対する興味をもつきっかけとなりました。また，家庭環境や兄弟姉妹との関係が，彼の後の研究に影響を与えたと言われています。

　私が，アドラー心理学の様々な考えのなかでとても興味をひかれたものの一つに，「家族布置」があります。「布置」とは配置という意味で，その人が家族のなかでどのような立場に置かれているかでライフスタイルが影響されるという考え方です。家族布置では，親よりもきょうだいに注目し，きょうだいのなかで何番目に生まれたか，そこから生じるきょうだい間の競合関係の影響からおおよその性格傾向を検討します。勿論これは，ライフスタイルを知るための一つの指標にすぎません。人の性格や信念は，きょうだいの生まれ順だけでなく，性別や家庭の雰囲気，その他の相互関係の影響を受けますから，これだけで全てが判断できるわけではありませんが，「血液型」や「星座」よりは，説得力のある話だと思いませんか。

　性格を個人的なものではなく社会的な影響のなかで形成されるものとする捉えがとても実用的です。きょうだい，特に双子でも，全く性格が異なるということを多くの人が経験則で知っていることでしょう。同じ家族に生まれても，第一子と第二子では，親や周囲の関わり方が異なるために，そうした家族内での立ち位置や役割の違いが性格や信念に影響を及ぼすという話は，多くの人たちの実感に訴えかけるものがあります。「家族布置」だけでなく，アドラーの考え方はこうした人々の生活実感に合致する考え方を内包しています。

　アドラー自身の健康や身体のハンディキャップは，アドラー心理学の象徴的な理論，「劣等感の補償」に影響を与えたことでしょう。アドラーは，劣等感は，多くの人がイメージする捉えとは異なり，個人が自分自身を克服しようとする動機を生み出すものと考えていました。彼は，私たちは，劣等感を克服するために様々な方法で自己を補償しようとして，課題の克服を試み

ると説明したのです。ネガティブなイメージの劣等感をポジティブに捉え直しています。これが「劣等感の補償」と呼ばれる現象です。アドラー心理学は，過去のトラウマ的な状況を，回復しがたい傷と捉えるのではなく，回復のエネルギーそのものと捉えるような未来志向の考え方だったことが，多くの人々に希望を与え，支持を得る要因となったのではないでしょうか。

② フロイトの存在

先程，フロイトとの関係について述べましたが，アドラーの理論が発展した背景に，フロイトの存在を無視することはできないのではないでしょうか。アドラーは当初，フロイトの精神分析学に興味をもち，フロイトの弟子のような形で活動していたと言われています。しかし，アドラーは後にフロイトの理論との違いを感じ，独自のアプローチを追究する決断をしました。

フロイトからすると，アドラーは「弟子」だったかもしれませんが，対等性を重んじるアドラーにとっては，フロイトは「共同研究者」のような存在だったかもしれません。フロイトと共に研究し，フロイトの考えに違和感をもったからこそ，独自の考えを発展させることができたと考えられます。

みなさんも，自分と異なる考え方をもっている人と話をしたり，仕事をしたりしていると，自分の考え方を自覚したり見つめ直したり，さらには拡張したりするのではないでしょうか。外国に行くと，自国のことがよくわかるといったような状態です。

③ 社会的関心

アドラーは，社会へ関心の強い人でした。社会主義に関心をもち，政治改革による人類救済を考えていましたが，ロシア革命（1917年）の現実に直面し，マルクス主義に失望し，以後，育児や教育に関心を移していきます。第一次大戦後ウィーンは荒廃し，青少年問題が社会問題化していました。そこでアドラーは，公立学校に多くの児童相談所を設立しました。これは，世界初の児童相談所となりました。アドラーは，ここで子どもや親のケアをした

だけでなく，教師やカウンセラー，医師などの専門職も訓練しました。そこで自分自身が実施する，教育や育児に関するカウンセリングを公開しました。

　その場に立ち会った人々は，公開状態のカウンセリングに参加することで，相談者の問題を自分に置き換えて考えたり，整理したりして，自分との共通性に気づきながら，解決に至ることもあったわけです。一方，相談の当事者も，自分の悩みや葛藤が公開の場で扱われ，多くの人から共感され，関心をもたれることで，自分がそのコミュニティの一員であることを自覚できるわけです。コミュニティ全体で課題を解決する取り組み，これが，クラス会議の原型ではないかと考えています。

　このような経緯を経て，アドラーは，教育や治療を，課題を抱える個人の問題として捉えるのではなく，周囲との関わりで考えるようになったと考えられます。どんなにインターネットが発達し，SNSでコミュニケーションをとるような時代になっても，社会のなかの個という構造は変わりません。彼の社会的共感や仲間とのつながり感覚の重要性を強調し，個体と社会との相互作用を探求した理論は，地域や時間を超えて，応用される考え方として認識されていると考えられます。

　もし，アドラーが政治的関心をもち続け，政治活動にエネルギーを注いでいたら，権力闘争に巻きこまれ，どこかでその考えは立ち消えていたかもしれません。しかし，子どもの教育そして，教育者の教育に力を注ぐようになったことで，その考えは次世代に引き継がれ，今のように世に知られるようになったのではないでしょうか。

　アドラーが，政治改革による人類の救済にある意味絶望したからこそ，彼の目が，教育や子育てに向かったのではないでしょうか。あちらこちらで，精力的な講演や執筆活動をしたことで，その志が弟子たちに引き継がれ，発展をした結果，アドラー心理学として今，私たちがその主張に触れることができるようになったと言えるでしょう。アドラー心理学は，アドラーの挫折をエネルギーにして普及した理論であり，発展の経緯そのものが「劣等感の補償」を体現しているのではないでしょうか。

未来志向性

フロイトの存在

社会的関心

【参考文献】
・岸見一郎『アドラー心理学入門』ＫＫベストセラーズ，1999

2 アドラー心理学の基本原則

　アドラー心理学は，理論に加え，思想，技法の３つの側面から捉えることが可能です。日本の心理学研究シーンでアドラー心理学が，純粋な科学として認知されにくかった理由は，日本に持ち込まれたのが比較的近年であったこと，また，その中心をなす構成概念が明確に定義されていなかったこと，そして，思想や技法といった科学的に実証されにくい部分を包含していたことなどが考えられます。

　その理論の総体は，膨大な細かな理論の複合体と言えますが，大きく分けると以下の５つの要素に整理されています。それは，「個人の主体性・目的論・全体論・社会統合論・仮想論」の５つです。

1 個人の主体性

　前述したように，アドラーの言う個人は，分割ができない１つの存在です。日本におけるアドラー心理学の普及に大きな貢献をした野田俊作の業績を称え，その学説の伝承をする野田俊作顕彰財団によれば，生命体は「ひとつのシステムであって，システム全体を統括し主催する部分は存在せず，各部分が有機的に関係しあって，全体としての動きを作り出す」としています[1]。また，その全体を仮に「個人」と呼び，「部分が個人を動かす」のではなく「個人が部分を動かす」という立場をとります[2]。また，岩井（2014）は，こうした個人の主体性を「自己決定性」と捉え，置かれた環境をどう認識し，どのように対応するのか，それを決めているのは自分自身なのであるとして説明しました[3]。

　例えば，子どもの許せない行動を目にしたときに，どうしようもなく怒りが湧いてきて怒鳴ってしまった，などという場合があります。これは感情が，

私たちを「怒鳴る」という行動に駆り立てたという意味になるでしょう。強い感情に「突き動かされた」という状態です。しかし，アドラー心理学ではそうした言い回しを認めません。私たちが，自分で怒りという感情を使って子どもを怒鳴ったという解釈をします。また，犯罪などの報道において，犯人は家庭環境に恵まれずに，社会的に迷惑をかけるようになったなどというような報じられ方をすることがありますが，これもアドラー心理学的には，恵まれない家庭環境が，その犯人を罪に走らせたとは考えません。犯人は，恵まれない家庭環境を理由（言い訳）にして罪を犯した，と考えます。つまり，罪を犯すということを選択したのは，犯人その人だと考えるわけです。

岩井（前掲）は，「人が育っていくうえで，遺伝などの身体面や環境の影響はあるが，最終的にその人の性格を決める要因はその人自身だ」と捉えています[4]。なんだか冷たく，厳しく感じる方もいるかもしれませんが，こうした考え方を前提に生きると，自分の人生を，自分の責任で生きていく構えができ，自分を人生の主人公にすることが可能になるかもしれません。

不確定要素の多いこの世の中，主体性や自分へのリーダーシップがとても大事だと言われます。うまくいかないことが起こったときや不測の事態に陥ったとき，それを誰かのせいにしていては何の解決にもなりません。環境にどう向き合うかを自分で決めることが幸せに生きるコツなのではないでしょうか。

この「個人の主体性」は，これから述べる4つの基本前提（目的論，全体論，社会統合論，仮想論）の基礎をなす，最も根本的な仮説とされています。

2 目的論

みなさんは，お腹が空くからご飯を食べますか，それとも食欲を満たすためにご飯を食べますか。私が講座や授業で，このような問いかけをすると，会場の8割くらいの方は，前者「お腹が空くから」と答えます。このように何か原因があって人の行動が誘発されるという考え方を原因論と呼びます。

一方，アドラー心理学では，「人間を，目標に向かって主体的に生きていく積極的な存在という観点でとらえ，人間の行動にはすべて目的がある」と考えます（野田俊作顕彰財団，前掲）[5]。アドラー心理学的に先程の問いに答えると，人は，食欲を満たすために「ご飯を食べる」という行動を選択していることになります。人間の行動には，原因ではなく，目的があると捉えるのがアドラー心理学の特徴です。この考え方を目的論と呼びます。

　ただ，ご飯を食べることに関して考えるときには，原因論に立とうが目的論に立とうが私たちの生活には大きな違いは生じません。しかし，子どもの不適切行動の理解やその対応を考えるときなどには，大きな差異が生じることでしょう。例えば，ある子どもがある子どもを虐めているとしています。原因論に立つとき，私たちは，その子どもが被害者を虐める原因を探ります。その場合，その子の性格や生活環境などを探ることでしょう。しかし，その子の性格や生活を他者が変えられるかと言ったら，それはなかなか難しい話ではないでしょうか。多くの場合，有効な解決策は思いつかず，虐める子を厳しく注意するくらいしか打つ手はありません。

　しかし，目的論に立つ場合は，「何のために虐めをしているか」を考えます。すると，相手に注目して欲しいとか，関わりをもちたいとか，場合によってはストレス発散をしたいなどの目的が想定されることでしょう。そうであるとするならば，欲求の満たし方が誤っているわけであって，適切な満たし方を支援しようという対応策が考案されます。それにしたってその実行は容易ではないかもしれませんが，その子の性格や生活状況を変えることに比べたら，随分行動コストがかからない選択だと言えないでしょうか。子どもの指導や支援といった臨床場面では，目的論の考え方は大変有効に機能します。

3 全体論

アドラー心理学では，人間全体を統一体として捉え，個人を分割できない一つの単位と考え，さらに個人を，「社会」という，より大きな統一的な全体に組み込まれたものとみなします（野田俊作顕彰財団，前掲）[6]。こうした考え方を「全体論」と呼びます。

私たちは，意図せずやってしまったことを「無意識でやってしまった」などと言うときがありますが，アドラー心理学では，意識と無意識，理性と感情，身体と心など，分離して考えがちなことを，分けて考えることをしません（岩井，前掲）[7]。今，学校現場では働き方改革が話題となっています。「上司や同僚が帰らないと，帰ることができないから，遅く退勤せざるを得ない」と嘆く人がいます。心情的にはとてもよくわかりますが，アドラー心理学的には，それは，「早く帰りたい」という思いよりも，「職場の人たちに自分勝手な人だと思われたくない」という思いを優先しているわけで，「早く帰らないこと」を選択しているという解釈になります。

また，個人と社会の一体性を学校現場にあてはめて考えるとき，真っ先に想起されるのが，スクールカウンセラーとして多くの教師を支えてきた諸富の指摘です。諸富（1999）は，「学級や学校のなかである生徒が問題を起こすとき，実はその生徒個人が病んでいるというより，むしろ学級や学校が病んでいるといった場合も少なくない」と指摘します[8]。こうした認識は，今は割と一般的に受け入れられているのではないでしょうか。私も大学教員になってから数多くの学校，学級の改善に取り組んできましたが，個別の問題行動や不適切行動を改善するよりも，学級全体の改善をした方がはるかに早く改善します。

当たり前と言えば当たり前ですが，学級に所属している子どもたちは，個別に存在しているわけではなく，有機的につながって存在しているわけです。適切な行動も不適切な行動もそうしたつながりのシステムのなかで生起していると考えるのが「全体論」の考え方です。

4 社会統合論（対人関係論）

　アドラー心理学では，個人を社会に組み込まれた存在であると考え，その
ため，個人の行動は社会的文脈のなかで捉えてはじめて理解することができ
るという立場をとります（野田俊作顕彰財団，前掲）[9]。この考え方は，対
人関係論とも呼ばれ，「人間のあらゆる行動は，相手役が存在する人間関係
である」とするものです（岩井，前掲）[10]。これは，アドラーの，個人のあ
らゆる行動は，対人関係上の問題の解決を目的としてデザインされ実行され
るという考えに基づいています（野田俊作顕彰財団，前掲）[11]。

　この考え方をはじめて知ったのは，まだ小学校の教員をしていたときでし
た。それまでの私は，子どもの不適切な行動には声をかけ，ときには注意を
し，叱って直すことが「正しい教育者としての指導行為」だと信じていまし
た。しかしなかには，叱っても注意しても，その行動を修正しない子もいま
した。「どうしてこの子は，注意しても叱っても直さないのだろう」と自分
の指導力を疑いました。しかし，この考え方を知って，信念を改めざるを得
ませんでした。なぜなら，他の教師の言うことは素直に受け入れる場面を目
にしたからです。その子の不適切な行動は，その子の性格や家庭環境から学
習された行動パターンかもしれませんが，不適切な行動を引き出し，助長し
ていたのは私の指導だったと考えた方が妥当だと考え直すようになりました。
自分の言葉を受け入れて欲しかったら，その子との関係性を改善しなくては
ならなかったのです。

　「嫌いな人の言うことは，届かない」こんな当たり前のことが，学校とい
う枠組みのなかで，教師と子どもという関係性に置かれるとわからなくなっ
ていたのです。その子は実に魅力的な子どもで，適切な行動もたくさんして
いました。しかし私は，それを悉くスルーして，わざわざダメなところを見
つけ出して，ダメ出しをし続けていたのです。家族でもない他人を，教師と
いう理由だけで好きになってくれるわけがありません。実際，その子のよさ
に注目しそれを伝え，声かけを変えることで，その子の行動，少なくとも私

に対する行動は大きく変化しました。

　アドラー心理学では，人の行動をその個人がもつ特性ではなく，社会的なつながりのあり方から理解しようとします。

5　仮想論（認知論）

　仮想論とは，人間は主観的に意味づけられた世界に住んでおり，ありのままの環境を体験するのではなく，常に人間にとっての重要さに応じて環境を意味づけて体験すると捉える考え方です（野田俊作顕彰財団，前掲）[12]。よく人は，「世界を自分の都合のよいように見ている」と言われますが，そうした解釈と通じるものがあります。このような考え方は，認知論とも呼ばれます。岩井（前掲）は，アドラーの認知論について，「人は外界の出来事について客観的に事実を把握するのではなく，自分の受け取りたいように，自分の体験や好みに応じて主観的に意味づけをして反応する」と説明しています[13]。仮想論（認知論）に立てば，私たちは自分の見たいように世界を見て，思いたいように捉えているということになります。

　同じものを見ても，感じ方や解釈は人それぞれであることは，みなさんが日常的に感じていることではないでしょうか。雨が降るとある人は「憂鬱だ」と感じ，ある人は「心が落ち着く」と感じます。友人と映画を観に行き，自分が感動している隣で，友人は「今一つだった」とつぶやくといったことは珍しくはありません。私たちはまさに，「異なる現実を生きている」状態なのです。

　同じ場面を共有しても，解釈の食い違いは起こるわけですから，それが伝文や報告などの間接体験ならば余計に食い違いが起こりやすくなります。教師と子どもたちの日常は，日々そのようなことに溢れています。小学校高学年の女子児童たち間では，よく「にらんだ，にらまれた」などのトラブルが起こります。「ある子ににらまれた」と担任に訴えてきた子がいたとします。その子は，間違いなくにらまれたと思っているわけです。しかし，担任は，

つい「そんなわけないでしょう，本当に相手はにらんだの？」などと言ってしまうことがあります。

　この場合，訴えてきた子は，「相手の子がいつもとは少し異なる見方で自分を見た」という出来事を，「にらんだ」と受け止めました。それまでに，そう解釈せざるを得ない出来事の積みかさねがあったのかもしれません。女子グループで話しているときに，自分に話しかける回数が少なかったとか，数日前に相手の子にきつい言い方をしてしまったなど，そんな違和感が，普段と異なる視線のあり方を「にらんだ」と思わせたのかもしれません。

　しかし，一方の担任は，普段の相手の子と訴えてきた子が仲良くしている様子や，訴えを認めてしまった場合の後の対応の大変さなどが頭を過り，「そんなことはないだろう」と自分の認知を優先したのかもしれません。訴えてきた子と担任では，訴えてきた子の体験に対する解釈が異なっているわけです。つまり，2人は，「異なる現実を生きている」状態になっているのです。

　教師は，全ての子どもに起こったことを共に体験できるわけではありませんから，こうした教室のトラブルは，当事者や目撃者からの伝聞によって間接的に体験することが多くあります。受け止め方を間違ってしまうと，子どもの信頼を失う可能性があるので気をつけたいものです。客観的には事実かどうかはわかりませんが，その子にとっての受け止めは，心理的には事実なので，まずは起こったこととして受け止める必要があります。だから，先程のケースで言うと，「そんなわけないでしょ」ではなく，「それは心配だね」とまず，心理的事実を受け止めてから客観的事実にアプローチする必要があるでしょう。

　仮想論（認知論）の考え方を知っておくと，そうした事態で信頼を失うリスクを軽減することができるかもしれません。

6 共同体感覚

　アドラー心理学を学ぶときに，共同体感覚を避けて通ることはできません。アドラー心理学の教育や治療の究極目標は，共同体感覚の育成だとされているからです。つまり，共同体感覚を知らずして，アドラー心理学を理解することは難しいわけです。私がクラス会議を伝えるときに，アドラー心理学に触れるわけですが，当然，その目的を伝えるときに共同体感覚についてお話をします。しかし，なかなか理解が難しいところがあり，この言葉を出した途端にそれまで笑顔で聞いていた方が「ん？」という表情をすることがあります。わかってしまえばそれほど難しいことではないように思いますが，日頃日常会話に出てこない言葉であることが，理解を困難にしているのでしょう。それでは，共同体感覚とは一体どのような意味なのでしょうか。

　アドラー（岸見訳，1996）自身は，「自分のことだけを考えるのではなく，他の人にも関心をもっていること」や「『他の人の耳で聞き，他の人の心で感じる』ことで相手の立場に身を置き，自分を相手と同一視し，共感することが，共同体感覚の基礎であり，共同体感覚の許容しうる定義」などと説明をしていますが，「共同体感覚とは〇〇である」と明確に定義しているわけではありません[14]。

　日本にアドラー心理学を紹介し，その研究と発展に貢献した野田俊作（1997）は，共同体感覚を次のように3つの視点から説明しています。

　「まず，第一には，「私は共同体の一員だ」という感覚。所属感と言ってもいいでしょうね。

　第二には，「共同体は私のために役立ってくれているんだ」という感覚。『安心感』とか『信頼感』と言えば近いかな。

　第三に，「私は共同体のために役立つことができる」という感覚。『貢献感』とでも言えばいいかな。彼はこの三つだろうと言っています[15]。」

　ここで言う彼とは，当然アドラーのことですが，共同体感覚は，他者への関心や共感性に似た概念であり，他者とつながっている感覚や相手意識など

と言い換える人も居ます。また，野田の言うように，所属感，他者信頼，貢献感から捉える場合もあります。しっかり定義されておらず，説明レベルで終わっていることがこの概念の理解を難しくしています。しかし，一方で，「なんとなくわかる」という実感をもつ人もいるでしょう。これは，感覚なので言葉にするのが難しいのだろうと思います。野田（前掲）も，「共同体感覚はことばで定義できないように思う。それはただ，体験できるだけ。でも一度体験すれば，その味についていくらかことばで語ることはできる」と言います[16]。

　私のゼミは，ここ数年，30〜40人くらいの学部生と大学院生から構成されています。これまでの研究活動から言えるのは，それぞれの研究の質の高さが，メンバー同士のつながりに比例することは間違いないということです。しかし，彼らは最初から良質なつながりをもっているわけではありません。現職の教師であったり，教師を志す人たちであったりしても，みんながみんな上手につながれるわけではありません。共に活動するなかでぎくしゃくしたりトラブルになったりすることもあります。しかし，そうした時間をくぐり抜けることで仲間になり，やがて友人になることもあります。卒業，修了する頃にはそれなりに「つながった状態」になります。

　私が，卒業，修了間際になり，「この感覚って，つながってみないとわからないでしょ」と言うと，多くが深く頷きます。うまく言葉にできないけれど，確かにそこに感じるであろうつながっている実感，それが共同体感覚なのではないでしょうか。

　ただ，ここで説明を終えてしまっては，キツネにつままれたような感じかと思いますので，野田（前掲）の解釈を紹介しておきます。

　「まず，第一は，「私は私のことが好きだ」ということ。『自己受容』かな。第二は，「人々は信頼できる」ということ。『基本的信頼』かな。第三は，「私は役に立てる人間だ」ということ。『貢献感』だろうね。[17]」

　アドラー心理学の研究者によって表現が異なることはありますが，基本的には，

> ・自分を受け入れる実感（自己受容感）
>
> ・他者を信頼する実感（所属感・他者信頼感）
>
> ・他者に貢献している実感（貢献感）

の複合的な感覚をもっているときに，共同体感覚を実感している状態だと言っていいのではないでしょうか。

　アドラーは，子どもの問題行動や不適切な行動は，共同体感覚の欠如や未発達な状態から引き起こされると考え，共同体感覚は子どもの「正常性のバロメータ」だと言いました。それは大人も同様かと思われます。人とのつながりを感じるときに，その安心感が幸福感をもたらすのではないでしょうか。

　整理の意味を込めて，アドラー心理学全体の構造を図２−１に示しました。

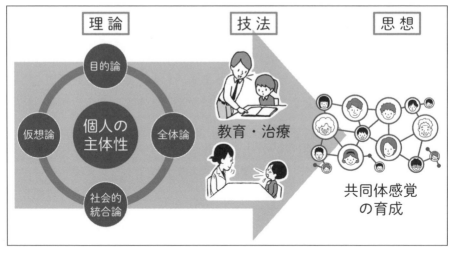

図２−１　アドラー心理学全体の構造

3 求められる心理的安全性

1 心理的安全性とは

　アドラー心理学の概要を理解したところで，次は心理的安全性について考えてみましょう。

　「心理的安全性」，今多くの人から注目されるこの言葉が注目されるきっかけになったのが，Google が2012年に立ち上げたプロジェクト・アリストテレスにおける，「高い成果を生むチームはどのようなチームか」という４年にわたる調査・研究でした。調査では世界中から180のビジネスチームが選ばれ，メンバー個人の属性に加え，チーム内のつながりが調査されました。調査では，成功するチームの特徴として知られる定説をリストアップして，多くの仮説を立てました。

　　・リーダーにカリスマ性が必要か

　　・メンバー同士の特性は如何にあるべきか

　　・報酬はどのようにあるべきか

等々です。しかし，結果は調査者たちの期待を裏切るものでした。

　そこで見出されたのは，「誰がチームのメンバーであるか」という個人の能力に付随する要因よりも「チームがどのように協力しているか」という人と人の交流のあり方に関する心理的な安全に関する集団規範でした。集団規範とは，集団で活動するときに自然に形成される認知や判断，行動についての基準や価値観のようなものだと本書では捉えておきたいと思います。チームの生産性の鍵を握っていたのは，

> メンバーの個々の能力よりも，メンバーのつながり方

だったのです。

心理的安全性の概念は，ハーバードビジネス・スクールの教授，エイミー・C・エドモンドソンが1999年に発表した論文に示されています。エドモンドソン（野津訳，2014）は，心理的安全とは「関連のある考えや感情について人々が気兼ねなく発言できる雰囲気」だと説明しています[18]。また，別の著書では，心理的安全性のことを，「みんなが気兼ねなく意見を述べることができ，自分らしくいられる文化」だと説明しています（野津訳，2021）[19]。

　エドモンドソンの定義から，心理的安全な状態とは，何でも言えるような場の雰囲気がある状態のことを意味し，心理的安全性は，それを尊重しようとするその場にいるメンバーに共有された信念，またそれに基づく行動だと捉えることができます。私たちがよく耳にする心理的安全性とは，メンバーが何でも言える雰囲気のことだと思われますが，こうしたエドモンドソンの研究がその基盤になっています。

　実際の日常生活のなかで，他人の目や他人の気持ちを気にしないで生きていくことは難しいです。特に仕事場では，他者からどう思われるか，どう評価されるかなどの懸念によって，発言を控えたり，変えたりすることは誰もが経験しているのではないでしょうか。そうした心配や懸念が高まると安心して仕事をできないだけでなく，本来やれるはずのパフォーマンスを落とすことになるでしょう。私たちのパフォーマンスを強く規定しているのは，カリスマ性のあるリーダーの存在でもなく，メンバーが社交的で，メンバー同士がつながりやすいといったことでもなく，そして，報酬でもなく，

> 集団に共有された規範

だったということは，多くの人が納得のできる話ではないでしょうか。

　集団生活を営む私たちは，大なり小なり外的環境の影響を受けざるを得ません。外的環境の影響力は多くの人が認知していることと思います。しかし，その外的環境が人やメンバー，報酬といった有形のものではなく，集団規範やそれに付随する雰囲気という無形のものであるというエドモンドソンの発

High Performance Teamとは？

見は革新的なものだったと思われます。

　心理的安全性の概念が日本に紹介されると，多くの企業や団体がそこに注目しました。その反響の大きさは，それだけ心理的安全性の欠如が指摘できる状況の多さを物語っているように思います。本書が企画されたのも，教室及び学校現場もまた，心理的安全性を欲する状況が起こっていることの一つの現れと言っていいでしょう。

2 なぜ，心理的安全性なのか

　近年，学校教育においても心理的安全性という言葉がよく聞かれるように
なりました。しかし，この概念が世の中の耳目を集めるようになったのは，
Google のプロジェクトに象徴されるようにビジネスシーンからです。学校
教育における心理的安全性を考える前に，もともとの心理的安全性について，
その必要性を検討しておきたいと思います。

　心理的安全性は，エドモンドソンが提唱する以前から，心理学の分野で，

> 個人の創造性を育む条件や安全保障に対する人のニーズ

といった意味で使用されていた言葉です。その心理的安全性が注目されるよ
うになったのは，社会が工業化社会から知識社会に移行し，それに伴い，業
務形態や組織のあり方が，個業重視から協働重視に変化したからであること
は間違いありません。

　工業化社会では，成果をあげるためには，均質なものを大量に作って売る
ことが求められました。効率的に均質の製品を作ることができる工場がよい
工場であるように，それを運営する組織も，トップの意向をより効果的に均
質にメンバーに伝えることが望ましい組織のあり方だったわけです。各部署
や個人にとって大切なことは協力よりも競争であり，業績をあげるために徹
底的に業務の管理が求められました。

　そこでは，話し合いや合意形成は効率を下げるノイズでしかないわけです。
ですからメンバーは機械の部品のようにできるだけ互いに干渉せず，与えら
れた仕事に邁進しなくてはなりませんでした。

　もちろん，これは極端に表現しているだけで，実際の工場ではよい製品が
できたとか，誰かの失敗をカバーしたとか人間らしいドラマも数多く生まれ
たことでしょう。しかし，それはあくまでも生産というメインストーリーを
彩るオプションの位置づけだったのではないでしょうか。

　世の中はその後，知識社会に移行しました。知識社会とは，知識が社会の

あらゆる側面や領域において重要な価値を占める社会のことを言います。学校関係者には「知識基盤社会」と言った方が，馴染みがあるかもしれません。「知識基盤社会」とは，2005年の中央教育審議会の答申に記された，主に21世紀における社会のあり方のことを指しています。その特長は次の4つです。

- ・先ず，知識には国境がなく，グローバル化が一層進む。
- ・2つ目は，知識は日進月歩であり，競争と技術革新が絶え間なく生まれる。
- ・3つ目は，知識の進展は旧来のパラダイムの転換を伴うことが多く，幅広い知識と柔軟な思考力に基づく判断が一層重要となる。
- ・4つ目は，性別や年齢を問わず参画することが促進される。

中央教育審議会「我が国の高等教育の将来像（答申）」（平成17年1月28日）より

こうした社会では，一部の者の考えに基づく単純化した効率重視のシステムでは，時々刻々と変化するニーズに対応することができなくなり，すぐに陳腐化してしまうリスクを負うことになります。知識基盤社会で，組織のパフォーマンスをあげるには，知識や情報の流通速度や密度を高めなくてはなりません。メンバー同士で互いにフィードバックしたり，失敗を共有したり分析したり，また顧客やマーケットからのフィードバックを積極的に受け入れたりして常に修正と改善を繰り返すような体制づくりが必要なわけです。

そうしたときに，対人リスクがあるような組織では，情報の流通速度が落ち，その流通密度も下がり，新しいアイディアが生まれにくくなり，したがって，イノベーションが起こる確率も低下します。話し合いや人との協力の仕方がオプションだった社会から，それが生産性を規定する社会に移行したことで，心理的安全性は，組織の生存確率を左右するほどの重要な要素となったわけです。

3 心理的安全性のリスクとメリット

　では，心理的安全性を損ねる要因とはどんなものなのでしょうか。エドモンドソン（野津訳，前掲，2014）は職場環境における対人リスクとして次の4点を挙げます（図2－2）[20]。

① 無知だと思われる不安

　質問したり情報を求めたりする場合には，無知だと思われるリスクを冒します。

② 無能だと思われる不安

　間違いを認めたり，支援を求めたり，試みにはつきものとはいえ，失敗する可能性が高いことを認めたりする場合には，無能だと思われるリスクを冒すことになります。

③ ネガティブだと思われる不安

　向上のためには批判的な目で評価をすることが不可欠ですが，それをするとネガティブだと思われるリスクを冒すことになります。

④ 邪魔をする人だと思われる不安

　自分の仕事に関してフィードバックを求めたり，何かについて正直に話したりすると面倒な人だと思われるリスクを負います。

「こんなのもわからないのか」と思われたらどうしよう…

「基本的に反対するよね」と思われたらどうしよう…

「できないやつだ」と思われたらどうしよう…

「よく，邪魔するよね～」と思われたらどうしよう…

　こうした不安が対人リスクだと考えられます。心理的安全性を示す何でも言えるような場の雰囲気とは，こうした対人リスクが可能な限り少ない状態のことを言うのでしょう。これらのことから心理的安全性が構築されている，つまりこの場では何を言ってもいいと認識されると，次のような状態がチームにもたらされることが明らかになっています（エドモンドソン，野津訳，前掲，2014）[21]。

①素直に話すことが推奨される
②考えが明晰になる
③意義ある対立が推奨される
④失敗が緩和される
⑤イノベーションが促される
⑥成功という目標を追求する上での障害が取り除かれる
⑦責任が向上する

心理的安全性が保障されている環境では，多くのメンバーが知っていることや尋ねてみたいことを口にすることができます。それらを口にすることは，多くの場合，メンバーの学習の機会となります。知っていることが発信されれば知識の共有につながります。また，質問がなされることによって，尋ねられたメンバーは自分の知識が再構成されたり，さらなるインプットへの意欲につながったりします。つまり，率直に話すことが組織の利益として認知されますから，「言いたいことはどんどん言おう」という風土ができることでしょう。また，対人リスクは，言ってはならないことや言わない方がいいことの枠を知らず知らずにわたしたちの脳内に拡大し，考えの多様性を奪うことでしょう。

> 心理的安全性の保障された状態は，思考の枠を壊し，メンバーの考えを
> 明確にする

のです。
　また，良質なアイディアを生産するためには，「全てよし」では実現できません。取捨選択から良質なアイディアが創出されます。一方で，取捨選択のプロセスでは，対立が起こることがあります。対人リスクは，対立を避ける方向に人を促すか，感情的な衝突に発展しチーム存続自体にリスクをもたらします。心理的安全性があることで，目的達成のために対立の意義が承認され，結果的に生産的な対立が起こることでしょう。
　さらに，個人においては，失敗は成長の必要条件だと多くの人が認識していますが，組織においてはその共通理解は難しいことがあります。しかし，心理的安全性があれば，失敗が共有され，組織の成功確率を高めることになるでしょう。
　率直に話ができるようになるとアイディアの総量が増えます。そうなればイノベーションが促進される確率が高まります。失敗への懸念も回避されますから，チャレンジがあちらこちらで起こり，目標達成の実現可能性が増します。こうした流れのなかで，メンバー間に支持的風土が生まれ，組織への

所属感が増し，個々の責任感の向上が期待できます。みなさんの職場及び教室はいかがでしょうか。ここに示した7つの視点は，振り返りの視点として活用できそうです（図2-3）。

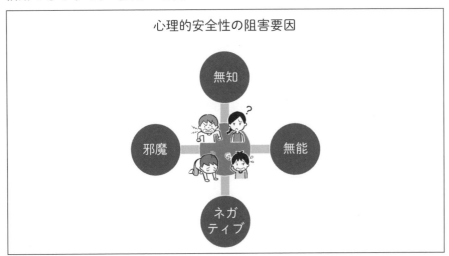

図2-2　心理的安全性の阻害要因（エドモンドソン，野津訳，2014をもとに筆者作成）

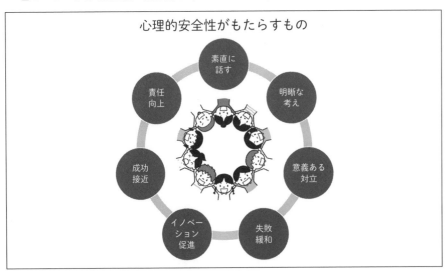

図2-3　心理的安全性がもたらすもの（エドモンドソン，野津訳，2014をもとに筆者作成）

4 教室の心理的安全性

1 学習指導要領と心理的安全性

　教室における心理的安全性の必要性を述べるにあたり，多くの方は，不登校やいじめなどの学級の実態から生じる必然性を理解していると思います。近年，心理的安全性が学校現場でも話題になるのは，教室に不安を感じる子どもたちの増加を，教師をはじめとする学校関係者が肌で感じているからでしょう。しかし，ここではあえてそれを前提としたうえで，教育政策的要請，つまり，公教育が向かおうとしている方向性から心理的安全性の必要性を検討しておきたいと思います。

　今回の学習指導要領は，前回とは学級経営の意味づけが大きく変わりました。まずは，学習指導要領における学級経営の意味づけを確認しておきましょう。それをすることで学級経営における心理的安全性の意味がより理解できるかもしれません。

　多くの皆さんがご存知のように今回の学習指導要領（平成28年12月28日）では，中央教育審議会の「幼稚園，小学校，中学校，高等学校及び特別支援学校の学習指導要領等の改善及び必要な方策等について（答申）」（平成28年12月21日）に基づき，小・中・高等学校を通じた，学級やホームルーム経営の充実が求められました。しかし，学級経営やホームルームに関する定義は，未だにはっきりとなされていません。そこで，学習指導要領における学級経営（ホームルーム経営）とは何かについて，小学校学習指導要領からその姿を探ってみたいと思います。

　小学校学習指導要領（平成20年改訂）解説総則編には，学級経営の充実に関して，「日頃から学級経営の充実を図り，教師と児童の信頼関係及び児童相互の好ましい人間関係を育てるとともに児童理解を深め，生徒指導の充実

を図ること」と記載されていました。一方で，小学校学習指導要領（平成29年告示）解説総則編では，「学習や生活の基盤として，教師と児童との信頼関係及び児童相互のよりよい人間関係を育てるため，日頃から学級経営の充実を図ること。また，主に集団の場面で必要な指導や援助を行うガイダンスと，個々の児童の多様な実態を踏まえ，一人一人が抱える課題に個別に対応した指導を行うカウンセリングの双方により，児童の発達を支援すること」と記載されています。

　前回の学習指導要領では，学級経営の充実は小学校のみに求められていて，しかもその充実の向かう先は生徒指導の充実に向けられていました。現行の学習指導要領では，全体指導としてのガイダンスと個別指導としてのカウンセリングなど，前回よりも踏み込んだ形で表現されていることがわかります。

　さらに注目したいのは，学習指導要領第6章特別活動の第3の1の(3)で，「学級活動における児童の自発的，自治的な活動を中心として学級経営の充実を図る」ことが示されており，特別活動との関連が強調されています。特別活動編には「学級経営は，特別活動を要として計画され，特別活動の目標に示された資質・能力を育成することにより，さらなる深化が図られることとなる」と記載されており，学級経営の充実のイメージを伝えています。

　学習指導要領の言う，学級経営の充実とは，特別活動とりわけ学級活動の自発的，自治的な活動を中心として図られ，特別活動の資質・能力が育成されることで深まる営みだと言えそうです。特別活動で育成がねらわれている資質・能力とは，他者と協働，集団活動をするための知識とスキル，合意形成や意思決定の力，自己実現の態度です。

　さらに，特別活動編には学級経営の充実を通して，「学びに向かう集団づくりの基盤となり，各教科等で『主体的・対話的で深い学び』を実現する授業改善を行う上では，こうした基盤があることは欠かせないものである」と明記されています。つまり，「主体的・対話的で深い学び」の実現には，学級経営の充実は不可欠であり，それは授業改善に向けられた営みであることが確認されているわけです。ここまでの話を図2－4にまとめました。

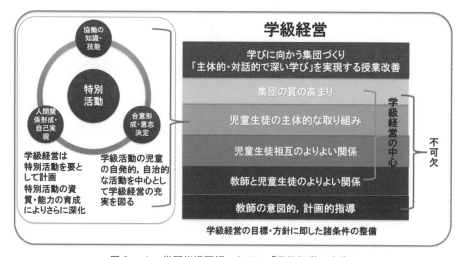

図2－4　学習指導要領における「学級経営の充実」
（「小学校学習指導要領（平成29年告示）解説　特別活動編」第2章特別活動の目標をもとに筆者作成）

2　「恐れのない教室」チェックリスト

　学習指導要領上で求められる学級の姿を描いてみると次のような姿が想定されます。

①児童生徒は，他者との協働のために必要な知識やスキルを身につけています。
②児童生徒は，それらの知識やスキルを活用して，合意形成したり意志決定したりして自発的，自治的に集団の質を高めようとしています。
③児童生徒は，こうした活動を通し，自ら人間関係をつくりなりたい自分になるべく考え，行動しています。

　これらを実現するためには，教室内の良好な関係性が不可欠であることがわかります。特別活動編でも「学級経営の内容は多岐にわたるが，学級集団としての質の高まりを目指したり，教師と児童，児童相互のよりよい人間関

係を形成しようとしたりすることは，その中心的な内容である」と言っています。学級経営の充実の基盤には，教師と児童生徒，そして児童生徒相互の良好な関係性が重要です。

　良好な関係性が築かれていなかったら，他者と協力できるでしょうか。また，合意形成などできるでしょうか。もちろん，他者と協力したり，合意形成したりすることで，さらに人間関係が広がることでしょう。しかし，ある程度の良好な関係性がないところに，協力も合意形成もあり得ないのではないでしょうか。

　みなさんが，話し合いの当事者だとしたらどうでしょう。関係性のあまりよくない相手から，異なる意見が出てきたらどんな感情が湧くでしょうか。少なからず好ましくない感情が湧き起こることでしょう。ましてや反対意見など言われたら，合意する気など吹き飛んでしまうでしょう。そんな状態で多数決をして否決されたらどういうことが起こるでしょうか。自分の意見が否決されでもしたら，その結果を受け入れる気にならないでしょうし，さらに当該の相手とはさらに関係が悪くなることでしょう。そもそも関係性の悪い相手がいる場で発言するのは相当に勇気がいることでしょうし，話し合いそのものが成立しにくいことでしょう。

　自己実現に関する有名な理論として，マズローの欲求階層説がありますが，自己実現の欲求は，所属や承認などの関係性欲求が満たされないと生じてこないとされています[22]。このような伝統的な心理学理論を持ち出すまでもなく，「なりたい自分」を思い浮かべてみてください。恐らく独りぼっちではなく，そこには誰かがいるはずであり，その誰かは良好な関係性の他者のはずです。

> 私たちは，良好な関係性があるときに，建設的な自己実現をしようとする

のです。

　教室内で無知だと思われる，無能だと思われる，ネガティブだと思われる，

邪魔をする人だと思われるといった対人リスクがあるときには，児童生徒は，建設的な自己実現をしようとは判断しないことでしょう。児童生徒がなりたい自分のイメージを健全にもつためには，教室内の良好な関係性が求められるのです。

　では，心理的安全性を保障するためには，学級にはどのような条件が必要なのでしょうか。エドモンドソン（野津訳，2021）は，心理的安全性を測定する項目として7つを挙げました[23]。表2－1に示すものは，エドモンドソンの研究に基づき，私たちの研究室で作成したものです。エドモンドソンの著書に因んで，「恐れのない教室チェックリスト」と呼んでいます（エドモンドソン，前掲，2021）[24]。

表2－1　恐れのない教室チェックリスト（エドモンドソン，野津訳，2021をもとに筆者作成）

①このクラスではミスしても，責められることはない。
②このクラスでは，悩みや問題を言い出すことができる。
③このクラスの人々は，他と違っていることを認めることができる。
④このクラスでは，失敗するかもしれないことにも安心して挑戦することができる。
⑤このクラスのメンバーには助けを求めやすい。
⑥このクラスには，私の努力を無駄にするようなことをわざとする人はだれもいない。
⑦このクラスのメンバーと活動するときは，私の努力が認められ役に立っている。

　エドモンドソンによれば，心理的安全性とは「みんなが気兼ねなく意見を述べることができ，自分らしくいられる文化」のことでした。何でも言える雰囲気やその文化の共有は，自分らしくいられることにつながるわけです。今求められる学級経営は，児童生徒が言いたいことを言い合い，合意形成し，やりたいことを協力して実行する，そうした環境のなかでなりたい自分への自己決定ができる諸条件の整備と言えるでしょう。心理的安全性の保障は，

現在の学級経営において，必須の条件なのです。

3 異なる心理的安全性の見方

　最近はあちこちで心理的安全性という言葉を聞きます。しかし，その捉え
は様々です。グローバルシーンでの心理的安全性への注目は Google が2012
年に立ち上げたプロジェクト・アリストテレスにおける「効果的なチームは，
どのようなチームか」という調査でした。

　本書における心理的安全性の概念は，1999年のエドモンドソンの研究に基
づいています。Google もこの論文を引用したと言われています。しかし，
心理的安全性の研究自体は，50年以上前からなされていました。この概念が
近年注目されてきたのにはそれなりの社会的背景があろうかと思います。

　2010年代のアメリカは2008年のリーマン・ショックに端を発した金融危機
によって起こった世界的な不況のなかにありました。また，1990年代から広
がりを見せ始めた SNS は，完全にインフラとなり，それがない生活は考え
られないほどに人々の生活のなかに浸透していきました。当時のアメリカで
は，SNS の存在は世界を一つにし，あらゆることがグローバルな動きとな
っていくだろうと期待されました。それは2009年に建国以来初のアフリカ系
のバラク・オバマ氏が大統領に就任した高揚感と無関係ではなかったことで
しょう。

　しかし，その後のアメリカの実際は，トランプ氏の登場やウクライナ戦争
など，人々の期待とは異なった方向に動いていったことは皆さんの知る通り
です。産業構造から人々の関係性のあり方までが大きく様変わりし，世界が
不確実性の高い世界に突入したことは間違いありません。これまでのやり方
が様々な分野で通用しなくなっていった時期だったと言えます。

　それまでの産業界は，言われたことをちゃんとやり，ばらつきをなくして
均質化すること，マニュアルを遵守し，今得られる最大限の利益を得ること
が目的とされていました。日本的に言うと，Society3.0，工業化社会の構造

です。しかし今は，何が正しいか行動しながら見つけ，日々実験と挑戦とを繰り返し失敗から学び，持続可能なあり方を模索していこうとする姿が求められているのです。

　つまり，生き延びるためには仕事の仕方，考え方を変えなくてはならなったのです。少し解像度を高めて言えば，正解にいち早く辿り着き生きる時代から，

> 試行錯誤を通して他者と最適解を探りながら生き抜こうする時代に変わった

のです。そのアイコニックな概念が，心理的安全性と言えます。

　ただ，日本におけるこの概念の注目の仕方は，上記とは少し異なる側面もあると見ています。「日本のチームの心理的安全性」を研究した石井（2020）は，エドモンドソンの視点で日本の心理的安全性を測るには限界があることを指摘しています[25]。心理的安全性を考えるときには，社会的背景からの考察が必要で，アメリカにはアメリカのそこに注目する理由があり，日本の心理的安全性を考えるときには，日本の独自性を考慮しなくてならないのではないでしょうか。

　令和4年版過労死等防止対策白書によれば，自殺者の割合は平成19年（2007）以降，増加傾向にあります。令和3年度の「勤務問題を原因・動機の一つと推定される自殺者数の推移」を原因・動機の詳細別に見ると「仕事疲れ」（28.3％），「職場の人間関係」（24.6％），「仕事の失敗」（17.0％），「職場環境の変化」（14％）となっています[26]。

　日本の企業文化や労働者のストレスや鬱病などの精神的な健康問題が深刻化しています。今，企業文化に触れましたが，日本の場合は，集団主義的で，個人的な意見や感情を表現することが難しいことが以前から指摘されています。心理的安全性の概念はアメリカでは経済的生存戦略として注目されたようですが，日本の場合は，関係性の問題や行動を規定する文化や行動様式からくる，

閉塞感打破への期待

が込められているのではないでしょうか。

生産性の向上　　　　閉塞感の打破　　　　居場所の確保

4 教室における意味

　こうした背景を考えると，心理的安全性の概念を日本の学校や教室で捉えるときに，いくつかの注目の仕方が指摘できそうです。学習指導要領の改訂に伴い，「学級経営の充実」が小中高等学校で求められるようになったと言いました。そして，その「学級経営の充実」は，学びに向かう集団づくりの基盤となり，各教科等で「主体的・対話的で深い学び」を実現する授業改善に向かってなされるものだと指摘しました。

　つまり，これは生産性の向上の文脈です。対人リスクを恐れずに何でも言える学級環境が，学習効果を高めるだろうと期待されるわけです。その一方で，わが国の学校における学級風土は，しばしば管理的で同調圧力が強く，息苦しいと指摘されます。そうした環境が不登校や虐めを生んでいると指摘されてきました。

また，2023年12月13日に文部科学省は，通常学級に在籍する小中学生の8.8％に学習面や行動面に著しい困難を示す発達障害の可能性があることを発表しました。このことは，子どもたちの多様化がさらに進んでいることを明らかにしました。現在の教室には一定数の居づらさを感じている子どもたちの存在を常に配慮していく必要があります。学級における心理的安全性を考えるときに，生産性の高い授業づくりという側面は勿論大事ではありますが，

　子どもの居場所の確保という視点を忘れてはならない

でしょう。心理的安全性というアイコニックな言葉の表面的な理解に留まらず，それを適用する場面，場面で教師がその意味をしっかり考える必要があります。

　心理的安全性の意味づけは，それを適用する環境によって変わり得ることがある一方で，そもそものところを外してしまうと，以前指摘したように「相手の意見を否定しなければいい」とか「良好な関係でなくてはならない」といった誤解を招いてしまいます。エドモンドソン，Google，石井らの研究が一貫して伝えているように，心理的安全性の本質は，

　よりよいチームのあり方

なのです。

　チームという言葉がよく使われるのはスポーツです。2023年の春の話題を独占した野球のWBC（World Baseball Classic）では，各選手から「最高のチームでした」という言葉がよく聞かれました。スポーツシーンでは古くから馴染みのある言葉です。近年では「チーム学校」という言葉も使われるようになり，学校のチーム化，職員室のチーム化などと言われます。しかし，未だに学校現場では，「チーム」ということに対する理解が曖昧で，校長が「チーム○○学校」などと言いながら，その実態を見ると職員はバラバラに業務に従事し，疲弊し，チームとはほど遠い現実に置かれている学校もあり

ます。

　日本の学校教育では，かねてからグループ学習が盛んに実践されていましたので，集団で何かをすることが当たり前でした。殊更にチームなどと言わなくても協働をしていました。ただ，そのせいか，チームという概念が学校に適用されても，ピンと来ない関係者も多くいるのではないかと思います。私は以前の講座で，よく「チームとグループの違いは何でしょうか」とお尋ねしていました。多くの場合「チームには目標があって，グループにはなくて……」という答えが返ってきますが，その境目がはっきりしない場合がほとんどでした。チームもグループも日常に溢れていて区別できない状況のようです。

　心理的安全性がよりよいチームに必要な要件であるならば，チームとは何かを検討しておく必要があります。しばしば混同されがちなチームとグループの違いについて，確認しておきたいと思います。一般的にチームは，目的や目標を共有する集団であり，グループには個人目標はありますが，共有された目標はありません。グループとチームの違いは，漢字一文字にするとわかりやすいかもしれません。

　グループは「群」，チームは「団」をあてることがあります。群は，辞書では，「むらがり。むれ。あつまり」と書かれています（広辞苑第七版）。群衆など，複数の人が集まり，集団を構成している状態です。それに対し，団は「組織立って集まった仲間」と説明されています（広辞苑第七版）。チームは，共通の目的を達成するために，共通の取り組みにおいてぞれぞれの役割と責任を全うしようとします。グループとチームの主な違いを次頁の表2－2に示しました。

　グループの特徴として，目的や役割などにおいて不明確でも成り立っていることがあげられます。グループ企業などは，同じ資本や経営者という点が共通しているだけで，グループ同士の交流や協力はあまり意識されません。つまり本来的に，グループにおいて協働は必要ではありません。しかし，チームは，協働が前提です。従って，メンバー間の協力的な関係性が求められ

ます。チームには，次の3条件が必要です（赤坂，2013）[27]。

①目標の共有
②目標達成のための役割分担，手順の共有
③協力的関係

上記の条件に基づき，チームを次のように定義しました。

①共通の目標を
②よりよい関係を築きながら
③達成する集団

　このように見てみると，従来の日本の教室で実践されてきたグループ学習はチーム学習だったのかもしれません。では，どのようにして良質なチームとしての学級を育てればよいのでしょうか。

表2-2　グループとチームの違い

グループ（群）		チーム（団）
仲良しグループ グループ学習 グループ企業 便宜的	様態	野球のチーム チームワーク チームビルディング 意図的
不明確	目的・目標	明確
不明確	役割	明確
不明確	協働の意志	明確
個人の達成の総和	成果	個人の達成の総和以上

5 学級のチーミング

1 学級集団はチームなのか？

心理的安全性の話を日本の学級集団に適用しようとするときに，日本の学級集団をチームとして捉えていいのかどうかという問題をクリアしなくてはなりません。ここまで述べてきたように，

> 心理的安全性は，よりよいチームになるための条件

として語られているからです。学級集団がチームではなかったら，その必要性も曖昧になってしまいます。そこで，まず，学級集団はチームなのかを検討したいと思います。

河村（2010）は，日本や英米の学級集団の特徴を理解するときに，機能体と共同体という分類を用いています[28]。機能体の集団は，特定の目的を達成することを目指した集団であり，成員の役割や責任，期待される行動が明確になっており，目的の効率的達成のための集団のあり方も明確です。一方，共同体とは，血縁や地域，ある特定の精神を共通にするという意識などのつながりで生まれ，成員間の相互依存性が強く，成員の生活の安定や満足感の追求を目的とした集団のことです。

こうした前提を踏まえたうえで河村（前掲）は，「日本の学級集団は，学校生活・活動におけるベースとしての共同体の面が基盤にあり，その上に学習集団としての機能体の特性を持たせようとしている」と言います[29]。学習指導と生活指導を学級，ホームルームと言うように，同じ場で営む日本の学級集団は，共同体ベースの機能体と言えそうです。

また，近年の小学校で進行する教科担任制や，中学校で取り入れられ始めている複数学級担任制や学年担任制などの動きを見ていると，機能体として

の性格が強められていると見ることもできます。チームとは，河村の説明に準じれば，目的達成集団または課題解決集団と言い換えることが可能なので，日本における学級集団は，チームとしての性格を一定割合以上もっています。

　一週間の時間割を見ても，小学校においては，65〜70％が授業時間ですから，ほとんどの時間をチームとして過ごしていると見なすことができます。つまり，日本の学級集団は教育の目的，授業の目標を達成するためのチームとして機能することが期待されており，学習効果を高めるうえで，心理的安全性は当然必要であり，その必要性は高まっていると言っていいのではないでしょうか。

　日本の学級集団がチームとしての側面をもつことを確認したので，次に学級集団をチームに育てるために何をしたらよいかについて考えたいと思います。

2　チーミングとは

　エドモンドソン（野津訳，前掲，2014）は，集団がチームとして機能する過程を「チーミング」と呼び，「新たなアイディアを生み，答えを探し，問題を解決するために人を団結させる働き方のこと」だと説明します[30]。このチーミングのイメージを見ると，現行の学習指導要領の求める協働による問題解決を基盤にした学習の姿が想起されます。

　しかし，こうしたことができる集団は，自然には形成されないようです。エドモンドソン（野津訳，前掲，2014）が「チームをつくることを，人々は学ばなければならない。大半の組織において，ひとりでは生まれないためである」と言うように，人々がチームになるためにはそれなりの手間暇がかかりそうです[31]。

　しかし，実際の学校現場のカリキュラム運営を見ていると，先生方は教科書の内容を伝えることや日々の業務をこなすことでいっぱいいっぱいになっていて，子どもたちに，チームになるために必要なことを教え，スキルをト

レーニングしているようには見えません。授業中の話し合い活動を見ていても，やり方もルールも示さずに，「〜について話し合いましょう」なんてやり出す教室が見られます。

> チームになるためには，身につけなくてはならないことがある

のです。

　エドモンドソン（野津訳，前掲，2014）はチームとして活動ができるためには，「学習やイノベーションに関する複雑な相互依存には対人能力―意見の相違に折り合いをつけたり，専門用語を克服したり，解決策が生まれるまでアイディアや問題を再検討したりといった，チーミングによって後押しされる全ての活動に必要な能力―が欠かせない」と言います[32]。

　相互依存には，助け合いだけでなく，情報や感情の共有が求められます。助け合いや共有の価値を理解していないと，円滑に人に助けを求めることや人を助けることは難しいでしょう。また，アイディアを集めることやよりよいアイディアを選ぶこと，そして折り合いをつけることなども相応のトレーニングが必要です。子どもたちを実際に指導しているみなさんなら，これらのことがそう簡単なことではないことはすぐにおわかりかと思います。しかし，そのための指導時数はカリキュラムには組み込まれていません。では，どのようにしたら子どもたちはチームになるのでしょうか。

3　チーミングのプロセス

　学級集団の成長については，河村（前掲）などいくつかのモデルが提唱されています[33]。また，チームの成長過程についても，よく知られたものにタックマンモデルなどがあります（本間，2011）[34]。それらも十分に参考にはなりますが，本書では，心理的安全性の視点で学級集団づくりを見ていきたいと思いますので，まずはエドモンドソンの主張を理解しておきたいと思います。エドモンドソン（野津訳，前掲，2014）は，「チーミングの流れ」と

して次のプロセスを示しています（表2－3）。数字は筆者が便宜的につけました[35]。

表2－3　チーミングの流れ（エドモンドソン，野津訳，2014より）

①チーミングの必要性を認識する
②個人と個人がコミュニケーションを図る
③手順や相手に任せるべきことを調整する
④相互依存の行動をとる
⑤省察／フィードバック
⑥チーミングの考え方が身につく

　このモデルに従って，教室ではどのようなことが起こっていく必要があるのかを検討したいと思います。

　エドモンドソンによれば，チーミングは，まずはチーミングの必要性の認識から始まると言います（表2－3の①）。教室においても，子どもたちが，学習がわかるようになる，学校生活が楽しくなるなどの目標達成のためには自分が他者とつながり，教え合ったり助け合ったりしていることに気づかなくてはならないでしょう。つながりがあって，「今ここ」があることの自覚がないままに，「教え合いましょう」「助け合いましょう」と言っても，一部子どもたちには違和感をもって受け止められることでしょう。チーミングのスタートは，

なぜチームになる必要があるのかの共通理解

からです。

　しかし，発達段階によっては，それを理屈や教師の語りだけで求めても無理があるのではないでしょうか。子どもの実態に即して，実感に落とし込むような指導が求められます。まず，教室のなかの協働や助け合いの事実を見つけ出し，力を合わせたからできた，わかった，などのよさや意味を丁寧に伝えていくことが大事でしょう。

情報の共有や助け合いが大事であることが認識されると，子どもたちはコミュニケーションをとり始めます。この前提として，コミュニケーションの場を設定する必要があります。コミュニケーションが大事だと言いながら，教師主導の子ども相互のコミュニケーションが少ない学習，活動をしていてはコミュニケーションは進みません。ペア活動，グループ学習，協同学習，学び合いなどの協働的な学習や活動の機会を多く設定する必要があります。

　指導案に協働という文字があっても，実際に授業を見せていただくと，ペア学習やグループ学習が一単位時間のなかに合計4～5分だったり，子ども同士の発言に教師が都度介入したりして，子どもが誰と話しているのかわからないような授業が展開されていることがあります。それでは，表2－3の②のような，「個人と個人がコミュニケーションを図る」状態になりません。

> 教師が介入せず，一定時間以上，子ども同士がやりとりをする場面

が必要です（表2－3の②）。

　場面を設定しても，動き出しにくい場合があるでしょう。協働をした経験値の少ない子どもたちなら無理もありません。そのときに必要なのは，「役割分担と責任の明確化」です。これは何をもって課題の解決とするのか，そして，それを達成するためにはどのようにするのか，つまり，ゴールとプロセスを明示します。誰が何をするのか，どのようにするのか，誰が何に責任をもつのかを確認します。発言の順番や，誰が話し，誰が記録するかなども決めておくと動きやすくなります。つまり，

> 目標，手順とそれに伴う役割分担をはっきりさせておく

のです。これにより，重複作業やコミュニケーションの不足を防ぐことができます（表2－3の③）。

　こうした手続きの明確化によって，漸く子どもたちが動き出すことでしょう。その過程で，ある子は，仲間に勉強を教え，ある子は，仲間から勉強を教えて貰うかもしれません。また，ある子は，勉強がわからなくて困ってい

る子に支援をしにいくかもしれません。また，ある子は仲間に相談し，一緒に解けない問題を解こうとするかもしれません。学級活動などでクラスの問題やメンバーの悩みごとを相談する時間をとっているクラスでは，解決のために話し合いが起こるかもしれません。チームになるためには，

> メンバーがお互いをサポートし，必要な協力を提供すること

が求められます。タスクがスムーズに進行するために，他のメンバーが困っている場面で助ける姿勢が求められます（表2－3の④）。

　このようにして，情報共有や助け合いや協働による問題解決が自然に起こるようになります。こうした時間は，協働できる子どもたちに育てるためには不可欠かと思われます。しかし，チームとして成長するには，体験だけでは不十分です。

　協働と同時に必要なのは，省察とフィードバック（**表2－3の⑤**）です。活動だけでは子どもの学びは，個々バラバラに認識されている場合があります。もちろん個々の気づきは，それぞれで尊重されるべきですが，チームになるためには，ほとんどのメンバーによって認知された方がよい共有事項があります。その確認が必要となります。

　「こうすると協働は効果的に展開される」逆に「こういうことをすると協働は阻害される」などのことは，気づいている子どもがいる一方で，「楽しかった」「おもしろくなかった」などの活動への感想レベルに留まっている子どももいます。子どもたちの活動の様子を見取り，共有すべき知識やスキルを言葉に出して確認したり，子どもの活動を捉えて意味づけるなどのことをして，チームになるために有効な認識を整理したり統合したりすることが必要なのです。

　そのためには，まず，「**活動の振り返り**」をします。子どもたちは，協働や課題解決についてその場面を想起します。成功した要因や問題点，課題などを分析し，個人的に体験からの学びを整理します。次は，「**反省とディスカッション**」です。チームメンバーは，協働や課題解決について教師からの，

または子ども同士の率直なフィードバックを共有し，何がうまくいったのか，何に改善の余地があるのかを話し合います。この過程で，異なる視点や意見が出ることがありますが，それが新たなアイディアや戦略の形成に役立つこともあります。

　次のステップは，「学びの共有」です。子どもたちは，得られた教訓や学びを共有し，クラス全体がそれを活用できるようにします。このときにうまくいった事例，課題解決に対して効果的な言葉や行動を書き留めて掲示するなどがなされることがあります。さらになされるのが，「改善策の立案」です。子どもたちは，学びをもとに「次はこれを試してみよう」「次は，こういうことに気をつけよう」といった，改善策や戦略を立案し，次回の課題解決に適用する方法を検討します。これにより，クラスは継続的に成長し，より効果的な方法で課題解決を遂行することができます。

　そして，このときに，私が最も大事だと考えているのが，「フィードバック」です。これは子ども同士でなされることもあれば，教師から子どもたちに向かってなされることもあります。フィードバックは，子どもたちにとって，自分たちのパフォーマンスを客観的に見つめる機会となります。特に教師からのフィードバックは，個別の学びを統合したり，次の課題解決に向けて取り組むことを焦点化したり，また，感謝や労いを示されることでモチベーションを高めたりする働きがあります（表2－3の⑤）。表2－3の⑤「省察／フィードバック」を一覧すると以下のようになります。

①活動の振り返り
②反省とディスカッション
③学びの共有
④改善策の立案
⑤フィードバック

　このように並べて書くと，「活動する度にこんなに丁寧にやらなくてはならないの？　無理！」と思うかもしれませんが，日常的にみなさんがやって

いることだと思います。運動会の予行練習や合唱コンクールの練習が終わった後に，活動の様子を想起してもらい，うまくいったところ，うまくいかなかったところを出し合い，それから，次はどうしたらいいか意見を求め，その改善を実現するために具体的にどうするかを話し合っていると思います。さらに，練習の様子から，省察の様子までを含めて，教師から総括の意味でフィードバックをすることは多々あろうかと思います。

　もし，そういうことをこれまでやってこなかったのならば，本書をきっかけにやってみたらよろしいのではないかと思います。次の子どもたちの動きが異なるはずです。教師が「チームになってほしい」と願っているだけでは，子どもたちはチームになりません。子どもたちが，協働を通してチームになるために必要な体験を振り返り，そのなかでチームになるために必要な気づきや教訓を積み重ねることが必要です。そして，少しずつチームになることのよさや意味を認識し，チームになるために有効な行動をするメンバーが増えることで，学級はチームとしての機能をもつのです（表2－3の⑥）。

　学級におけるチーミングの流れを下の図2－5に示しました。

図2－5　学級におけるチーミングの流れ

6 心理的安全なクラスを育てる

1 チーミングの前提条件

　前述したチーミングの流れについて，エドモンドソン（野津訳，前掲，2014）は，「仕事の連携がとれている場合のチーミングの流れ」と説明しています[36]。これは所謂機能しているチームにおけるプロセスと言えます。チームが目的を達成するための「準備ができている状態」であるときに，こうした流れによってチームが機能していくわけです。つまり，どんな状況の集団でも，こうしたプロセスによってチームとして機能していくわけではないのです。

　昨今の教育実践を見ていて少し気になるのは，集団の状態に対して無頓着な発信が見られることです。「こんな授業をしました」「子どもたちがこんな発言をしました」と華々しい実践報告がなされています。これは，教育分野の実践研究でも同じことが言えます。ある集団にある方法を適用したら，質問紙調査で有意な差が認められた，よって，この方法には効果がある，このように報告する教育実践研究は少なくありません。しかし，その効果はどのような集団でも見られるのでしょうか。

　体操の選手ならば，鉄棒，跳び箱，マット運動どの運動でも，ある程度のクオリティの技を展開することが可能でしょう。また，ある程度の身体能力をもっている人ならば，どんなスポーツをやっても一定以上のパフォーマンスをするに違いありません。こうした現象は，学級集団においても見られます。

> 一定レベルの学級集団であれば，大抵の教育方法でその効果をあげることが可能

なのです。こうしたことは学校現場では日常的に起こっているのではないでしょうか。

　学級集団づくりに力を入れている，ある中学校の先生のクラスの話です。中学校は教科担任性ですから，いろいろな教師が授業をします。そのクラスで授業をする教師たちが，口を揃えて言うそうです。「あのクラスは授業がしやすい」と。教科，課題，教師などの要因が変わっても一定以上のパフォーマンスができるクラスは，種目が変わっても高いパフォーマンスをすることができる身体能力の高い人のようなものです。

目標に向かって
一致団結

ペア学習

グループ活動

協力

個別学習

助け合い

一定レベルの集団
であれば，たいてい
のことはできる

一斉指導

　個人と同じように，集団にもそうした基礎的な能力をもつ集団の状態があるのです。河村（2012）は，「学級集団づくりのゼロ段階」という概念を提唱し，その状態を，

①学級集団全体で授業や集団活動が一応成立している
②学級集団の雰囲気や状況が，児童生徒個人の人権，学習意欲・行動に
　マイナスの影響を与えていない

状態だと説明しています[37]。「ゼロ段階」をクリアしていると，トラブルな

どの状況で，教師の指導が通り，教室の約束事が守られ，子ども同士が協力でき，教育活動において子どもたちに達成感が感じられるなどの現象が生じるとされています（河村，前掲）[38]。こうした状況であるならば，優れた体操選手が様々な技をこなすように，ある程度の教育活動で望ましい結果が起こることでしょう。

　逆に言えば，「学級集団づくりのゼロ段階」をクリアしていない教室では，教室の約束事が守られず，子どもたちが協力をせず，達成感も感じられない状況で，そもそも教師の指導が入らないわけですから，教育活動が成り立ちにくいことは容易に想像ができます。トラブル続きであれこれうまくいかなくなっている場合は，学級集団にこうしたメカニズムがあることも考えられます。

　クラスをチームにするために，チーミングのプロセスを経ようとしても，学級集団の状態によっては，機能しないことがあり得るわけです。教室の心理的安全性を育てようにも，その前提条件のところで躓いている場合は，まずそこを整えていかねばなりません。教室の心理的安全性を育てることが学級集団を成長させることだという主張を散見することがありますが，私の解釈では，学級集団を育てることと心理的安全性を育てることは同義というわけではないと考えています。

　学級集団を育てる教師の指導行動と心理的安全性を育てるそれは，イコールではないのです。

> 心理的安全性を育てるためには，まず，学級集団をそれが実現できるに相応しい状態までもっていく必要がある

のです。これまでにも述べたように，心理的安全性の概念は，わが国では，メンタルを守るためのルール，作法のように捉えられていますが，本来的には人と人が協働するための知識，態度，スキルであり，それを身につけた結果，獲得される信念であり文化です。それを身につけるには相応の前提条件が必要だと考えられます。

そこでまず，学級集団をどのように育てるかを述べ，次に心理的安全性をどのように育てるかを述べたいと思います。

2 学級の発達段階

「学級集団づくりのゼロ段階」を提唱した河村（前掲）は，学級集団にも発達段階があるとし，次のような五段階を示しています[39]。

表2－4　学級集団の発達段階（河村，2012より）

①第一段階（混沌・緊張期）

　学級編成直後の段階で，児童生徒同士に交流がなく，学級のルールが定着しておらず，一人一人がバラバラな状態に留まる段階。

②第二段階（小集団成立期）

　学級のルールが徐々に意識され始め，児童の交流も活性化してくるが，その広がりは気心の知れた小集団に留まっている段階。

③第三段階（中集団成立期）

　学級のルールがかなり定着し，小集団同士がぶつかり合い，結果，後に一定の安定に達すると指導力のあるリーダーがいる小集団などが中心となって，複数の小集団が連携でき，学級の半数の児童生徒が一緒に行動できる状態にある段階。

④第四段階（全体集団成立期）

　学級のルールが児童生徒にほぼ定着し，一部の学級全体の流れに反する児童生徒や小集団ともある程度の折り合いがつき，学級の児童生徒のほぼ全員で一緒に行動できる段階。

⑤第五段階（自治的集団成立期）

　学級のルールが児童生徒に内在化され，一定の規則正しい全体生活や行動が，温和な雰囲気のなかで展開される。児童生徒は自他の成長のために協力できる状態にある段階。

この河村の学級集団の発達段階モデルは，学級づくりを勉強してきた方々にはおなじみのモデルでしょう（下の図2-6，河村の主張に基づき筆者の解釈を加えて作成）。学級のルールが定着し，子どもたちの親和的な関係性が成熟し交流が活性化されると問題解決能力をもつ，自治的集団となっていくというものです。学習指導要領で言われている豊かな学び合いは，自治的集団で展開されるものと想定されます。自治的集団に近づくに従って，教師の指導性は減少し，子どもたちの主体性が増加していきます。

　これは学級経営をする学級担任にとって実践の実感に沿ったものであり，私も学級担任のときにはこのモデルを意識していました。私が引用している書籍は，2010年の公刊です。それから10年以上経ちますが，そこから大きな修正が加えられているわけではありません。

　集団規範（ルール）が定着し，子ども同士の交流（リレーション）が促進される度合いが深まると，子どもたちが協力的に問題解決をするようになるというモデルですが，子どもたちがつながっていけば自治的集団になると，

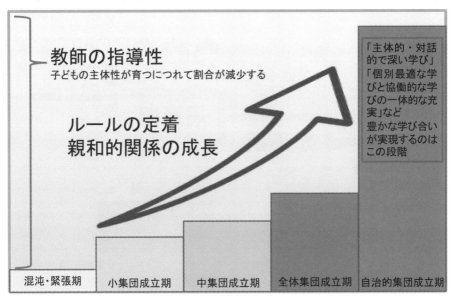

図2-6　学級集団の成長段階と教師の指導性（河村，2012をもとに筆者作成）

単純に捉えない方がいいでしょう。このモデルでも中集団成立期に葛藤の存在に触れています。このモデルを本質的に理解するために，別のモデルと比較してみたいと思います。比較対象として，ビジネス場面などの職場のチーム化の形としてとてもよく知られているタックマンの集団発達モデルを例にあげたいと思います。

3 タックマンモデルと学級集団の発達

　タックマンは，約50の臨床場面の集団発達研究を見比べて，その変容過程を再編成し，以下の4つのステージに整理しました（本間，前掲）[40]。以下タックマンの研究をまとめた本間（前掲）の整理にもとづき，もしもそれが学級集団だったらどのようなことが起こるかを想定して説明を試みます[41]。図2－7は，本間の整理をもとに筆者が作成したものです。

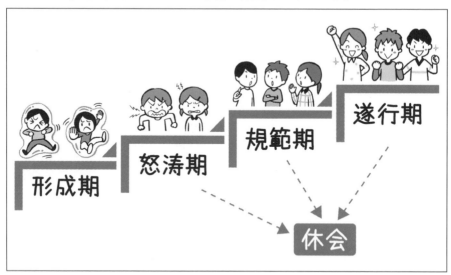

図2－7　タックマンの集団発達モデル（本間，2011をもとに筆者作成）

　集団は，4つの段階を経て発達していくというもので，タックマンモデルと呼ばれています。以下の①～④の「」は課題活動で，課題達成への相互作

70

用の変容であり，『』は，集団構造で，メンバー間の社会性・対人関係が変容していく過程です。

① 形成期「情報収集」『確かめと相互依存』

　子どもたちが所属したクラスには，旧知のメンバーもいれば，新しく出会ったメンバーもいます。新しく出会ったメンバーの様子を探り，関わり方を模索し，接近と躊躇いを繰り返しながら新しい環境に順応しようとします。旧知のメンバーばかりと関わる子もいれば，恐る恐る新しい関わりを求める子もいます。

　子どもたちは互いによく知らないために，相手とどのように接すればいいのか，自分がどう扱われるかなどの不確定要素に，不安と緊張を感じやすい状態です。ここでは，子どもたちは情報収集やそれが確かかどうかの見定めを繰り返します。この行動は，教師に対しても行われます。不適切な行動を教師に仕掛けて，所謂「お試し行動」をし始める子もいます。

② 怒濤期「個人思考」『反発』

　様子見から関わりが始まると，互いの意見，価値観などの食い違いから，様々な場面で葛藤が生じます。競争は勿論，場合によっては，嫉妬，摩擦，敵意などが生まれ，メンバー間に亀裂が生じることがあります。また，特徴的な行動，雰囲気の子や目立つ子に敵意が向けられることがあります。

　この段階では，自分のあり方，希望が優先され学級目標やクラスの規範，ルーティンなどクラスの志向性との間に食い違いが生じて，集団からの要求に感情的になったり，ときには攻撃的な態度をとったりすることがあります。「お試し行動」が不適切行動に発展するのもこの時期かもしれません。攻撃的な行動に出ることができない子は，登校しぶりや不登校を始めるかもしれません。教師には，子ども同士の葛藤解決のための適切な介入や，子どもとの葛藤状況をうまく乗り越えるための知識とスキルが求められます。

③ 規範期「集団目標」『まとまり』

　対立や反発を乗り越えると訪れる時期です。クラスはまとまりへと向かい，子どもたちには，クラスのメンバーとしての意識が生まれ，他のメンバーを受け入れ，安定した関係が構築されます。また，学級目標の達成や，課題解決などに向かって，オープンで機能的な話し合いができるようになってきます。

　クラスの一員としての自覚が生まれ，クラスのメンバーとして望ましい行動，望ましくない行動が明確になってくる時期です。集団としてのまとまりが強くなってくるとその規範からはずれる者に対して，いじめ，排斥行動なども起こってくるので教師は子どもたちの様子に目を配る必要があるでしょう。

④ 遂行期「目標達成」『協調』

　この段階では，子どもたちは自分の役割を自覚し，役割に応じた関係を構築し始めます。つまり目標達成に対して効果的な協力ができるようになります。高い問題解決能力をもった状態です。したがって，教師には，細かな指示などは極力控え，子どもたちの活動を見守ったり，必要に応じてフィードバックをしたりするリーダーシップが求められます。この段階で細かな指示や，子どもたちの話し合いや問題解決にいちいち介入すると，せっかく育った自主性を阻害することになります。

⑤ 休会

　タックマンモデルには，解散などによる集団の終了が設定されています。順調なクラスの場合は，最終段階の遂行期まできて，クラスが解散となります。しかし，今の学級集団づくり事情はそう順調なクラスばかりではありません。形成期や怒濤期のまま，担任期間が終了という場合もないわけではありません。本来のタックマンモデルでも，怒濤期，規範期の段階で，休会にいたる場合も想定されています。

このように見てくると，複数の集団の発達に関する研究から得られた集団の形成過程と，学級集団に特化した河村の主張が共通していることがわかるかと思います。河村の主張に依拠すれば，集団はルールの定着度の高まりに応じて子ども同士の親和的な関係性が形成され，それと共に，子どもたちの主体的で建設的な行動が増加し，自分たちで協力して問題解決できる状態になっていくと捉えることができます。

　タックマンモデルにおいても，第3ステージの規範期という名前に象徴されるように，緊張状態から対立を経て規範ができ，それが内在化し，機能的な集団になっていくことが示されています。タックマンモデルも基本的に規範の形成の度合いによって，親和的な関係性が促され，集団の発達がもたらされるという構造は同じです。

　したがって，子どもたちのつながりの総量が増えていけば，集団が発達していくというのはある程度事実だと言えるでしょう。しかし，チームとして機能するような集団になるためには，教師との食い違いやメンバー同士の対立など，集団として葛藤を抱える時期があるものだと知っておいたほうがいいと思います。子どもたちがつながっていけば，必ずトラブルが起こります。しかし，トラブルに向き合うのはなかなかエネルギーを要することなので，トラブルを回避したくなります。学級担任の中には，トラブルが起こるからと関わる機会を減らしたり，過剰にルールを設定したりすることがあります。しかし，それでは集団が発達するために必要な葛藤が起こらないので，集団の質が高まらないのです。クラスを育てるためには，トラブルは想定内としておきます。しかし，トラブルを乗り越えるにはそれ相応の知識やスキルが必要です。必要なことはある程度，確認しておかないと解決が難しい重篤なトラブルが起こることもあります。大事なことは早いうちに伝えておき，トラブルが起こったら，それをもとに大事なことを確認していくことでトラブルをクラスの「成長のチャンス」とすることができます。クラス会議は，トラブルを学びにする，その具体的指導法として機能します。

7 教師の役割と責任

1 状況によって変えるリーダーシップ

　ではどのようにしたら学級集団は成長していくことができるのでしょうか。学級集団成長の最も大事な要因は，

教師のリーダーシップの変換

だと捉えています。

　学級集団のあり方は教師のあり方や指導行動の反映と考えていいのです。子どもたちの行動原理は結構単純です。「先生が言ったら，私たちは言わないよ」「先生が決めたら，私たちは決めないよ」「先生がやったら，私たちはやらないよ」という側面があります。

　では，教師は何もしない方がいいのかというとそうでもありません。読者の多くは学級担任の経験者でしょうから，おわかりだと思いますが，子どもたちの主体的な動きを「待っていて」も多くの場合，動き出しません。いや，「いつかは」動き出すかもしれません。しかし，学校生活の時間は有限です。だからといって，教師が「ああしなさい」「こうしましょう」と働きかけてばかりいたら，「指示待ち」の状態になってしまい，自治的集団とはかけ離れた状態になってしまうことはわかりきっています。

　学級集団の成長は，教師のリーダーシップの変換によってもたらされるというのが本書の主張です。集団の発達と望まれるリーダーシップのあり方を示した理論にハーシーとブランチャードの状況的リーダーシップ論があります（ブランチャード，ジョンソン，小林訳，1983）（図2−8）[42]。これは，その集団の発達段階と関係から効果的なリーダーシップは異なり，発達にしたがって柔軟な対応が必要であるとするものです。

ハーシーとブランチャードの状況的リーダーシップ論は，「リーダーシップスタイル」と「フォロワーの成熟度」という，2つの主要なコンセプトに基づき説明されています。

　ハーシーとブランチャードは，リーダーのリーダーシップを2つの視点で捉え，それを切り替えることを提案しました。これらのスタイルは次の通りです。

① 方向づけ行動のリーダーシップ

　1つは，方向づけ機能をもつリーダーシップです。タスク指向型リーダーシップと呼ばれることもあります。タスクの遂行を重視します。課題への指針，進むべき方向を示し，関係性のあり方を示すこともあります。このスタイルは，フォロワーがタスクに対して不慣れであり，指示やガイダンスが必要な場合に適しています。

② 支持的行動のリーダーシップ

　もう1つは，メンバーの行動を認めて積極的に支持し激励・鼓舞するリーダーシップで，関係指向型リーダーシップと呼ばれることもあります。リーダーはサポートとフィードバックを提供し，フォロワーの関係を重視します。このスタイルは，フォロワーがタスクに対して経験豊富であり，自己管理能力が高い場合に適しています。

　こうしたリーダーシップの組み合わせから，次のようにリーダーシップを変換し集団の発達を促します（以下，本間（前掲）より）[43]。

　まず，集団の発達の初期段階では，高い方向づけを行い，支持的行動を抑え目に発揮します。次に，課題志向で指導・注意を与え，具体的方向づけを行います。同時に積極的にメンバーを支える割合を高くしていきます。集団が発達するにつれて，リーダーは支持的行動を強く示しますが，同時に積極的に関わりを見守りつつ後押しをします。見守りの段階になるにしたがって，

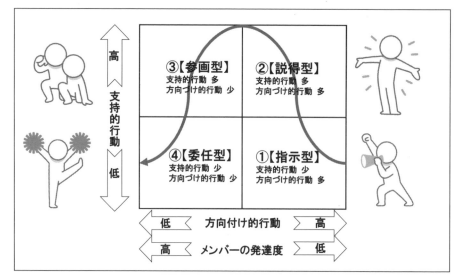

図2-8　状況的リーダーシップによるリーダーシップ・スタイル
（ブランチャード，ジョンソン，小林訳，1983をもとに筆者作成）

支持的行動の割合も少なくなっていきます。そして，集団が十分に発達した状態では，リーダーはメンバーに任せ，責任をもたせながら自由裁量を多くしていきます。

　状況的リーダーシップ論は，集団の発達段階によって，リーダーシップが変わるという体で主張されていますので，受け取り方によっては集団の変化が「主」，教師のリーダーシップが「従」のように感じますが，学校現場で学級集団を育てるとしたら，教師のリーダーシップの変換によって，学級集団の成長を引き出していくような働きかけが必要です。こうした考察に基づき，教師が学級集団を引き出すためには以下のようなステップが想定されます。

① 第1段階　方向づけ期
　学級を育てるためには指導すべきことがあります。指導が可能になるため

には，基礎的な信頼感を獲得する必要があります。あたたかく親しみやすい態度で子どもたち一人一人に声をかけます。しかし，人権侵害に対しては毅然とした態度で臨み，「互いに傷つけ合わない関係性」が築かれるようにサポートします。この段階では，互いの人権を守る，他者の人権を侵害しないなどの方向づけ機能が強く発揮されます。しかし，そのためには，基本的な信頼関係が必要ですから，子どもたち一人一人を受容する支持的行動も積極的にします。集団に対しては，方向づけ的行動を多くとっていますので，図2－8の①イメージに近いです。

② 第2段階 指導性優位期

　教師への基礎的信頼をリソースにして子どもたちの自律のために必要なことを指導します。学校生活のルーティンや学習や生活におけるきまりごとの意味を伝え，行動の仕方を示し，また，良好な関係性が形成されるよう，積極期に目標達成や良好な関係性を築くために必要なことを教えます。子どもの活動に対して，承認したり，助言をしたり，場合によって修正を加えます。イメージとしては，しっかり教えて，そしてフィードバックもしっかりやるという感じです。たくさん伝えて，たくさん認めていく時期なので，図2－8の②のイメージになります。

③ 第3段階 自由度増加期

　ある程度のルールが定着してきているので，ペア活動やグループ活動，メンバーを固定しないランダムな交流活動の量を増やし，子どもたちの関わりの量を増やしながら，合意形成や問題解決の経験値をあげていきます。子どもの活動を見取りながら，承認したり，意味づけたり，価値づけたりする支持的行動を多くします。ここでは，教示がないわけではありませんが，教示することよりもフィードバック，それも肯定的なフィードバックが多くなります。この時期は，教えたり伝えたりすることよりも，子どもを援助することが中心となりますので，図2－8の③のイメージになります。

④　第4段階　見守り期

　必要なこと以外は口出しをせず，子どもたちのパフォーマンスを見守ります。教示らしい教示が目立つことはなく，意味づけ，価値づけのフィードバックを積極的にするイメージよりも，応援をしたり，喜びを伝えたりするイメージです。子どもたちの動きの大局を見渡すような姿です。関心をもって見守りますし，必要な助言もしますが，直接指示したり，援助することは少なくなるので，図2−8の④のイメージです。ただし，一人一人への声かけや個別の指導や援助は欠かしてはなりません。図2−8は，集団へのアプローチを示したものであり，一人一人との関係づくりは終わることはありません。

　子どもたちの多様化が進み，力があると言われる教師でも「学級経営が難しい」と言います。いや，力のある教師だからこそ，子どもたちがよく見えるのでその難しさ，複雑さが認知できるのだと思います。そうした学級経営の難しさを重々承知したうえで，そしてそこでがんばっている教師が数多くいることを踏まえたうえで，あえて言いたいことは，学級を育てることができるのは教師だけだということです。

2　心理的安全性を生み出すリーダー

　学級集団の育成において，学級担任の役割が重要であることは言うまでもないことですが，心理的安全性を生み出すことにおいても，リーダーの役割は大切であることが指摘されています。
　エドモンドソン（野津訳，2014）は「影響力を持つ人々から送られるシグナルが，他のメンバーの，アイディアや所見を述べる力や意欲を方向づけるのにきわめて重要であるのは明らかだ。チームリーダーがメンバーの支えとなり，助言を惜しみなく与え，疑問や挑戦に対して身構えなければ，このチームの環境は安全だとメンバーが感じる可能性が高くなる」と指摘していま

す[44]。

　また，「心理的安全にもっとも重要な影響をもたらすのは，いちばん近く
にいるマネジャーや監督者や上司である」と言い（エドモンドソン，野津訳，
前掲，2014）[45]，学級集団においては学級担任の役割の重要性を示唆してい
ます。

　はっきり言えば，

教室における心理的安全性は，教師のリーダーシップの問題

なのです。教室の心理的安全性を大事にしようとする教師ならば，担任や授
業者として自分の役割を強く自覚していると共に，どのように行動すればそ
れが実現できるのか，試行錯誤を日々繰り返していることと思います。

　ここでは，心理的安全性を生み出すために学級担任としてどのような行動，
振る舞いをすればそれが実現できるのかについて考察してみたいと思います。
まず，エドモンドソン（野津訳，前掲，2014）があげた心理的安全性を高め
るためのリーダーの行動を見てみましょう[46]。

表2－5　心理的安全性を高めるリーダーの行動（エドモンドソン，野津訳，2014より）

①直接話のできる，親しみやすい人になる。
②現在持っている知識の限界を認める。
③自分もよく間違うことを積極的に示す。
④参加を促す。
⑤失敗は学習する機会であることを強調する。
⑥具体的な言葉を使う。
⑦境界を設ける。
⑧境界を超えたことについてメンバーに責任を負わせる。

　これらを見ると，自分もよくやっているなと思うところもあれば，もうち
ょっとかもしれないと思うところもあるかもしれません。また，これまで気
づかなかった視点もあったかもしれません。

3 期待される学級担任の行動

　先程の①〜⑧は，研究が進められた外国の企業体や医療従事者など所謂「大人の組織」が想定されていると思われますので，ここでこれらを実際の学級担任の行動に当てはめて考えてみましょう。

①　直接話のできる，親しみやすい人になる

　まず，話しかけやすいかどうかです。

　学校を訪問させていただき，授業参観をしていると授業中にニコリともしない教師がいます。普段はそんなことはないのかもしれませんが，機嫌が悪いのか怒っているのか少し心配になります。みなさんは，そばに不機嫌な人がいるとどんな気分になりますか。恐らく多くの方が，落ち着かないのではないでしょうか。機嫌の悪い人の傍にいると子どもは不安，緊張，恐れなどの負の感情を味わいストレスが溜まることでしょう。話しかけやすいとは思わないでしょう。にこやかで上機嫌で，ときどき冗談などが言えるとなお，いいでしょう。

　また，大人社会，しかも組織人ならば上司に挨拶することは常識的な行動ですが，子どもの世界は必ずしもそうではありません。こちらから話しかけなければ，話すことがないという子どもたちにたくさん出会ってきました。一緒にいる時間が長くなると，心理的距離も近くなりますから，休み時間におしゃべりをしたり，遊んだりすることはとても大事です。

②　現在持っている知識の限界を認める

　何でも知っているふりをしないことです。

　わからないことはわからないと言えば「だから一緒に勉強しよう」と投げかけることができます。子どもは「先生も知らないことを知ろう」と学習へのモチベーションをあげるかもしれません。教科書を見れば答えがわかるような授業ばかりしているのも NG です。答えがわからないからこそ，何でも

言い合って探究する必然性が生まれます。

　クラスで何か問題が起こったときも全て自分で解決しようとするのではなく，「先生一人の力では無理だから助けて欲しい，相談にのってほしい」と言えば，子どもたちは意欲的に問題解決のために知恵をしぼってくれるのではないでしょうか。

③　自分もよく間違うことを積極的に示す

　教師もよく失敗することを認めて，それを開示し，失敗に対して寛容さを示すことで，子どもたちのチャレンジ行動を引き出しやすくなります。教師の失敗への寛容さは子どもたちのモデルとなり，互いの失敗に対して受容的になることでしょう。

④　参加を促す

　できないことをできないと言い，さらに，失敗に対して寛容さを示すこと，子どもたちに助けを求めたり，相談したりすることは，子どもたちの問題への積極的な関与を促します。また，こうした教師は，「〜しなさい」「〜します」と教示的，断定的な言葉ではなく，「〜してみませんか」「〜するといいかも」と参画的で推定的な言葉を使って，子どもたちを課題に誘います。

⑤　失敗は学習する機会であることを強調する

　これは多くの教師がやっているのではないでしょうか。子どもたちが何かをしたときに，できないことを叱るのではなく，失敗から教訓を引き出して，次のチャレンジにつなげようとします。そして，次のチャレンジでうまくいったら，諦めずに努力したことを大いに評価します。

　子どもたちは，失敗を責められるとやる気を失うだけでなく，次のチャレンジをやめてしまうでしょう。しかし，失敗を叱ったり責められたりするのではなく，自分または自分たちでリカバリーし，それを評価される経験を経て，自信をつけていくことでしょう。

⑥　具体的な言葉を使う

　大人たちが対立を避けるように，子どもたちも対立は避けたいものです。対立を避けるためにしばしば話し合いでは抽象的な言葉が交わされます。しかし，それでは本当に言いたいことが言えていないので，話し合う度にストレスが溜まります。教師も子どもを傷つけたくないので，子どもにフィードバックするときに，曖昧な肯定ややんわりとした否定をしてしまいがちですが，それでは子どもたちに伝わりません。例えば評価をするときには，どこが具体的によかったかを明らかにし，また，至っていないところがあれば，どうリカバリーすればいいかを明確に指摘します。

　そうした教師の評価の仕方を受けていると，子どもたちも話し合いのときに，曖昧な肯定や否定で終わらせるのではなく，具体的な言葉で議論すると思われます。

⑦　境界を設ける

　若い先生の悩みとして，子どもを叱ることができないということが聞かれます。叱るとか叱らないの前に，まず基準をしっかりと示すことをしたらいいのかもしれません。何をしてほしいかだけでなく，何をしてほしくないかという基準を明確に示すことによって，子どもたちは，どこまでやっていいかを知り，その範囲内で活動します。

　基準を示すと子どもたちの活動が制限されると思うでしょうが，それは逆です。スポーツをやっているとき，ルールがいい加減で，審判が不明確な判定をしたら，プレイヤーが思い切りプレーできません。明確なルールがプレイヤーのパフォーマンスを引き出すのです。だから，話し合い活動でもルールを明示することによって，安心感が高まります。そうすると子どもたちの思考が活性化するのです。

⑧　境界を超えたことについてメンバーに責任を負わせる

　もし子どもたちが，⑦の境界を破ったら，公正に対応しなくていけません。

もし誰かがルールを破ったとき，教師が曖昧な対応をしたり，子どもによって対応を変えてしまったら，ルールを守らなくなるだけでなく，教師に対する信頼も失われます。

　ただ，ルールを破ったからといって声を荒げたり，感情的に叱責したりする必要はありません。ルールの確認をして，ルールの意味を再度伝え，理解したかを確認し，再チャレンジを見守るようにします。

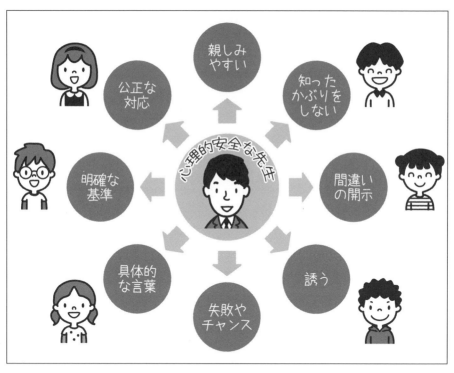

図2－9　心理的安全性を高める教師の行動

8 「何でも言い合える」クラスの実現

1 心理的安全性を実現する具体的方法

　本章ではここまで，アドラー心理学と心理的安全性の関わりについて述べてきました。両者が親和性の高いものであることはなんとなく理解していただけたかもしれません。しかし，「じゃあ今からアドラー心理学を活用して，教室の心理的安全性を育てよう！」とはならない方もいるのではないでしょうか。

　私たちのモチベーションは，簡単な公式で説明されています。それは，「価値×期待」です。この積が高いときに私たちはやる気になります[47]。価値とは，取り組む対象の意味やそれが包含する目的のことです。また，期待は具体的なやり方を含む，それを実現するための見通しです。

　私たちは，

> それをやることの意味が理解され，やり方がわかったときにモチベーションがあがる

のです。一方で，やり方はわかるけれど意味がないと思ったとき，また，意味はわかるけれどやり方がわからないときや，あまりにもハードルが高いときは，やる気にはなりません。勿論，意味とやり方の両方が理解されないときは，言うまでもありません。恐らく多くの教師が心理的安全性の高い教室をつくろうとしていることでしょう。つまり，教室における心理的安全性の価値は理解されていることでしょう。しかしその実現への見通しが立たなければ，学級経営において「絵に描いた餅」になる可能性があります。

　本書では，心理的安全性とは，「何でも言えるような場の雰囲気を尊重しようとするメンバーに共有された信念，またそれに基づく行動」だと捉え，

学級経営における意味やメリット，その促進要因や阻害要因，さらにはその実現における教師の指導行動にも触れてきました。学級経営において，心理的安全性がなぜ必要かという価値と，期待の一端について述べてきました。

　心理的安全性の実現を志向してきた教師ならば，ここまでの情報でも何かの参考にはなったのではないかと思います。しかし，具体的な実践に関する情報がほしいという方には，まだ物足りないかもしれません。だからこそ，本書では，心理的安全性を実現する具体的な取り組みとして，アドラー心理学に基づくクラス会議（以下，クラス会議）を取りあげています。

　クラス会議の具体的な話については，後半に詳細を示しています。すぐやり方を知りたい方は，後半をお読みください。ただ，機能するクラス会議を実践するためには，考え方を理解しておいた方がはるかに近道です。もう少し，考え方についてお付き合いいただければと思います。

　クラス会議に関する書籍は数多く出されていますから，ご存知の方もいるかもしれません。クラス会議を知っている方，既に実践している方ならば，クラス会議の実施と心理的安全性の実現は，すぐに結びつくかもしれません。しかし，実践したことのない方やそもそも知らない方には，見当がつかないこともあろうかと思います。そこでまず，クラス会議は「何でも言い合えるクラス」になるために本当に寄与するのかについて確認しておきましょう。

　私たちの研究室では，クラス会議の効果を様々な教室で，多様な角度から検証しています。全校でクラス会議に取り組む学校において，効果測定のために宮田（2010）が作成した「特別活動社会性尺度」のなかの「話し合い社会性尺度」を使用して，4〜6年生の児童の話し合いに対する意識を測定しました（調査期間は，9〜11月。3年生以下は，質問紙調査には向かないと判断し対象としていません）[48]。

　その結果，全体の測定値の平均より低い層の児童において，有意な上昇が見られました。特に，「考えが発表できた」「賛同してくれた」という意見の発表に関する効力と考えられる，「発話効力」という因子と，集団のみんなが協力し活躍できる方法を一緒に考える態度である「集団一員」という因子

において顕著な高まりが確認されました。つまり，クラス会議実施前と比較して，実施後は，自分の意見が言える，また，自分の意見がわかってもらえたなどの，意見発表に対する自信や，問題解決に対する効果的な方法をみんなで一緒に考えることができた実感が高まることがわかりました。

　これまでクラス会議を実施すると，教室の人間関係が改善し学級への適応感が増すことや，それに伴い学校生活への意欲が高まることが報告されていましたが，近年の調査では，意見の言いやすさや集団の一員としての自覚に対してもポジティブな変容が見られることがわかってきました。今回測定したものが，心理的安全性そのものかどうかは議論の余地がありますが，

> クラス会議が発言のしやすいクラスの実現に何らかの寄与をする

ことは間違いないようです。

2　心理的安全性のスキル

　クラス会議は，簡単に言うと，クラスメイトの個人的な悩みやクラスの生活上の諸問題を民主的なプロセスのミーティングによって解決する活動です。なぜ，クラス会議の実施によって，子どもたちは意見が言いやすくなるのでしょうか。それはクラス会議が，単に話し合いをする時間ではないからです。クラス会議を実施することで，共有される価値，態度，スキルがあるからです。

　クラス会議は「議題」と呼ばれる課題に対して，全員で解決策を出し合います。ただ問題解決をするだけでは，それは民主的なプロセスにはなりません。話し合いが民主的なプロセスになるためには，メンバーで共有する秩序が必要です。

　いくら子どもたちの主体性や自主性が大事だからといって，子どもたちに任せておくだけで，民主的な話し合いができるわけではありません。日常の力関係が反映されたり，話し合いに熱中したりするあまり，メンバーを攻撃

するような言動が見られたりすることがあります。

　そのような状況になってしまうと心理的な安全とは真逆の状態になります。そもそも民主主義とは，秩序によって成り立つ仕組みです。だからといって秩序があれば，即ち民主的になるかというと，そうではありません。他者を傷つけることを気にするあまり縛りをきつくすると，個々の自由度が抑えられ，何でも言える状態とは程遠くなります。

　スポーツの試合と一緒です。ルールが緩いと試合は荒れます。一方で，ルールで縛りすぎると自由度が損なわれ，プレイヤーが力を発揮することができません。民主社会における秩序は，個を拘束するためのものではなく，互いの自由を守るためのものであるべきです。クラス会議の本質は，話し合うことというよりも，

> 民主的な話し合いを通して，共生つまり，互いのあり方を尊重し，他者と協力して生きるための習慣を学ぶこと

です。

　今の日本は，政治的にも宗教的にもとても自由だと言われています。勿論無制限というわけではありませんが，住むところや職業も本人の選択によってかなり可動域の広い社会だと言われます。しかし，「息苦しい」とか「窮屈だ」と言われていることも事実です。同質性の高い国の風土だからと言えばそれだけですが，私はその自由度の高さが曲者だと思っています。

　日本は自由かもしれませんが，「こうしよう」とか「こうしたらより過ごしやすくなる」というポジティブな行動規範が少ないように思います。ポジティブな行動規範が少なくて，自由度が高いために，ネガティブな行動規範，つまり「これをしてはいけない」「これをしたら非常識だ」「これをしたら迷惑だ」という自主規制が生まれやすいのではないでしょうか。世の中には常に「痛み」や「不具合」が発生しています。その「痛み」や「不具合」を拡散するための方法は誰もがもっている時代となりました。私たちの社会には，もっとポジティブな行動規範が必要なのかもしれません。

では，クラス会議ではどのような習慣を身につけ，共有するのでしょうか。詳細は後半に任せるとして，ここでは，心理的安全性とクラス会議の関係を理解する糸口になるであろう価値，態度，スキルを頭出し程度に紹介します。

① 輪になる

クラス会議では話し合うときは，基本的に輪になって話し合います。輪になるには意味があります。輪には上座も下座もありません。輪は，そこにいるメンバーの対等性の象徴なのです。

> 民主主義の基盤は，構成メンバーの対等性

です。だから，選挙では一人一票が保証され，それが損なわれそうになると憲法問題に発展するのです。

② 物事は順番にする

クラス会議では，発言は座席順，つまり，輪になっていますので，輪番です。その場にいる全員に発言権が保障されます。もちろん，その権利を使うか使わないかは発言者の自由です。だから，発言できないときは「パス」をします。話し合いを挙手，発言だけに任せていると，発言意欲の強い，声の大きい者が，話し合いを支配してしまうことがあります。大人の社会でもそれが起こりますから，子どもたちの世界では尚更です。

これは一見，優しそうで厳しいルールでもあります。民主主義は権利と義務によって成り立ちます。そこにいる者の責任として発言順が回ってきますが，仕組みとして発言権が確保されていると，発言しようとする意欲やそれができるという効力感は確実に高まるようです。日本の教室では，挙手による発言のルールが浸透していますが，クラスの状態によっては発言をする子が偏っている現状が見られます。発言の偏りは，人間関係の上下に発展する可能があります。つまり，教師が余程気をつけていないと，挙手─発言システムのクラスは，民主制の危機に常に晒されていることになります。

③ トーキングスティックを使う

　クラス会議では，トーキングスティックと呼ばれる棒状の物やぬいぐるみのようなマスコットをぐるぐる回しながら話します。それをもっている人だけが発言できます。それをもっている人の話をみんなで聞くという約束になっています。つまり，クラス会議の場では，誰であれ，どんな意見であれ，自分の話を聞いてもらえるという体験を積むことができます。

　私たちは，自分の思いだけで自分を大事にすることは難しいようです。だから，人からの承認を求めるわけですが，自分の発言順が回ってきて，自分の話をしっかり聞いて受け止めてもらえる時間は，自分を大切にする認識につながると考えられます。

④ コミュニケーションスキルを伸ばす

　クラス会議では，話し合いをしながら，傾聴のスキルや相手の感情に配慮した意見の言い方のスキルを何度となく繰り返し実践します。効果的なコミュニケーションスキルを身につけることで，より円滑なコミュニケーションが促されます。これはクラス会議で学ぶ価値，態度，スキルのほんの一部です。人とつながるという営みは，総合的な営みです。そこには多様な考え方やスキルが反映されます。ある特定のスキルだけ取り出してトレーニングしても人とつながれません。人とつながるために挨拶は大事だからといって挨拶だけ上手でも，本当の意味で人とつながれるでしょうか。

　そこから会話をし，相手の話を傾聴したり，話題を発展させたりすることや，交渉したり，約束をしたり，それを守ったり，相手を助けたり，助けられたり，実に多様なスキルが求められます。話し合うことが人とつながるための全てをカバーしてくれるわけではありませんが，相当な部分を学習する機会にはなるでしょう。

　心理的安全性は，その理念を実現する行動や態度のレベルで表現した具体的方法を，それ相応の時間をかけて学ぶことで，実体化するのです。

9 心理的安全性とクラス会議

1 心理的安全性と共同体感覚の関係

　ここまで，アドラー心理学から始まり，心理的安全性へとつなぎ，現在の学校教育における必要性とその適用のための基本的な考え方を述べてきました。

　アルフレッド・アドラーのアドラー心理学とエイミー・C・エドモンドソンの心理的安全性は，それぞれ異なる心理学的アプローチですが，それらを知れば知るほど，2つが相補的に関わってくることが見えてくるでしょう。

　アドラー心理学の創始者，アルフレッド・アドラーは，20世紀初頭の心理学者で，個人心理学と呼ばれる心理学の分野を築きました。そして，このアドラー心理学の中核的な概念の一つに「共同体感覚」がありました。共同体感覚は，アドラー心理学における教育や治療の目的とされ，アドラー心理学を理解するうえで，欠かすことはできない概念です。個人が他の人とのつながりや社会的関係を築く能力を指します。アドラーは，共同体感覚が個人の幸福と精神的な健康に重要な役割を果たすと考えました。

　また，一方の心理的安全性（Psychological Safety）は，組織心理学者エイミー・C・エドモンドソンの研究によって，世の中の注目を浴びることとなりました。心理的安全性が注目されたのは，世の中の構造の変化により，そのニーズが高まったからに他なりません。心理的安全性は，組織内のメンバーが自由に意見やアイディアを提供し，誤りや失敗を恐れずにリスクをとることができる環境を指します。心理的安全性が高い環境では，メンバーは共同作業や学習を促進し，組織全体のパフォーマンスを向上させることができます。

アドラー心理学の共同体感覚と心理的安全性には，多くの共通点を見出すことができますが，その代表が，どちらも人との関係に焦点を当てており，それが良好に機能するために有効であると見なされていることです。アドラー心理学では，共同体感覚が個人の社会的つながりや関係において重要であると強調されています。一方，心理的安全性は，組織内の社会的な関係に関連し，メンバーが率直なコミュニケーションをとり，リーダーシップとフォロワーシップの関係をサポートするために使用されます。

　したがって，心理的安全性を高めることによって，組織内の共同体感覚を促進し，個人の関係と組織全体の健全性を向上させることができます。共同体感覚が高まることは，コミュニティや組織のメンバーへの信頼感を高めることになります。メンバーへの信頼が高まれば，誤りや失敗を恐れずにコミュニティや組織への貢献行動も活発化します。そうした行動には，承認や感謝が向けられることでしょう。メンバーからのコンプリメントもそうですが，信頼するメンバーに貢献している実感は，自分のあり方を自分で承認することにつながりますから，充足感や幸福感のようなポジティブな感情を高めることでしょう。共同体感覚と心理的安全性は，

> 相補的に互いを高め合い，個人にも，コミュニティ全体においても健全性の高い状態を実現することが期待できる

幸福感

精神的健康

共同体
感覚

心理的
安全性

のです。アドラーの理論は，1910年から1920年代に発展したと言われます。一方の心理的安全性の研究の発端は1960年代で，人々の関心を集めたのが2010年以降の話です。注目された時間軸は，100年ほどズレており，一方は主に教育や心理療法の現場で，また一方はビジネスシーンで，両者は異なる文脈で議論されることが一般的でした。しかし，人との関係と安全な環境の重要性に関する共通のテーマは，クラス会議という実践を通し，融合を果たし，これからの学校教育，なによりも教師と子どもの幸福感に貢献しようとしているのです。

2 子どもたちの「つながり」の系譜

　ここまで読み，教室の心理的安全性を実現しようと決意された方もいるかと思います。しかし，読者が子どもたちの年齢に近ければ近いほど，教室の心理的安全性に対してリーダーシップを発揮していく教師は理解しておきたいことがあります。心理的安全性も共同体感覚も，子ども同士のつながりに関心を向けるアプローチです。心理的安全性や共同体感覚が，子どものつながり方を規定する信念やそれに基づく行動によって影響を受けているものだとすると，今，子どもたちがつながりにくいと指摘する声があるなか，そのつながりにくさはどのような経緯から生じているのか理解しておく必要があるのではないでしょうか。「賢者は歴史に学ぶ」と言います。「今」を知り，「これから」を構想するためには，ここまでの経緯を知ることはとても有効な学びだと思います。

　石田（2021）は，現代の若者たちの友人関係を社会学的な視点で分析し，興味深い指摘をしています[49]。そこで，石田の分析と考察を参考にして，子どもたちのつながり事情を探ってみたいと思います。

　1970年代までは血縁，親族関係，終身雇用に伴う職場関係等，つながっていなくてはならない関係性が明確になっていました。しかし，1980年代に入ると，血縁や地域のつながり，あるいは会社の仕組みで決まる上下関係とは

異なる，情緒的な結びつきによってつくられる人間関係が社会的にも前面に押し出されてきました。

その典型が友情と恋愛ブームです。70年代までの友人関係は，いつ友情が解消されるかわからないという不安は大きくはありませんでした。しかし，80年代以降は，友人関係は「自由で自発的なもの」になり，同時に失敗すれば失われる可能性のある不安定なものとなりました。積極的に振る舞わないと友人関係の維持が難しくなったのです。

2000年に入ると，自由な友人関係は建前となり，その獲得や維持のために多大な努力や気遣いが必要となりました。不安定で緊張感のある関係性において，困ったときに気軽に相談する相手など容易に見つからなくなりました。その相手を求めて家族志向が強まり，手間暇のかかる友人関係を忌避する傾向が強まりました。この傾向に拍車をかけたのが携帯端末の普及です。SNSにおけるフォロワーや「いいね！」の数は，これまで明確な線引きをしてこなかった「友達」を全て「見える化」したと言えます。所属するグループや返信の有無等によって，これまでグレーゾーンにしてきた自分の友人関係が露骨に示されることになりました。

現在の10代から20代は，人とオンラインでつながっていない状態を想像すること自体が難しく，小まめに連絡を取っていないと不安を感じます。にもかかわらず困っていても助けを求めることをしないし，人が困っていても「人それぞれだから」と踏み込まない，冷たい関係をつくっているのです。

以上，石田（前掲）の指摘に関して筆者なりのまとめを試みました[50]。

3 子どもたちのつながりと心理的安全性

クラスの問題が語られるときにしばしば子どもたちの人間関係の希薄さが話題となりますが，今や希薄というレベルではなく，自分と仲良し以外は風景となっている「分断」のレベルに至っていると捉えることができるのではないでしょうか。子どもたちは4〜5人の少人数でグループをつくって過ご

してはいますが，それは仲間意識や友情でつながっているというよりも，孤立を回避するための互助会のようになっていると考えられます。

　つまり，教師から見れば子どもたちは学級集団を形成しているように見えますが，個々の子どもから見れば，グループ以外の子どもたちは遠くの景色になっていて，いわば学級が「群島化」しているわけです。しかも，その小島と小島の間には，絶えず緊張感が漂っていて，いつ音信不通になるか，場合によってはいつ対立するかわからない。さらに厄介なのは，その同じ島の住民同士も決して信頼関係があるわけでなく，関係を壊さぬよう，そして，互いの気分を害さぬように細心の注意を払って過ごしているという，とても息苦しい状態になっている可能性があります。

　こうした状況を考慮すれば，最初から他者に関わろうとしない子がいること，合理的配慮や特別な支援を受けている子を非難したり，それを実施しようとする教師に不満を訴えたりする子がいること，中学生になると不登校が激増することなどが普通の学校の多くで起こっていることに納得できます。子どもたち全てと言うつもりはありませんが，相当数の子どもたちにとって，

> 今やクラスメイトの存在は「緊張感のある」「気の抜けない」もの

となっていることが推察されます。

　心理的安全性を脅かすものは，「対人リスク」です。人から傷付けられること，ぞんざいに扱われることが，不安の中心にあるわけです。つながりにくい，つながれないという状態は，心理的安全性が常に脅かされた状態です。それにもかかわらず，授業参観をさせていただくと，何のルール設定や配慮もなされることもなく，ペア活動やグループ活動が指示される場面を見ることがあります。所謂「乱暴な」協働的な学びが展開されていると感じます。

　今「友達が苦手」だと自覚する子どもが増えていると言われます。他者との出会いに対して何ら準備がなされない状況で，対話や協働が学習のなかで繰り返し実施されれば，

> 学校は，多くの「友達嫌い」「人嫌い」を生み出す装置

の一つになってしまうかもしれません（ホンネを言えば，もうなってしまっている現状があると思います）。心理的安全性の保障には，教師のリーダーシップが必要だと指摘しました。また，教師が安心して職務に向き合うためには，学校の心理的安全性の確保も求められます。心理的安全性の問題は，子どもだけでなく，教師の人生に関わる重要な問題だと認識しています。

　かつてはクラスが荒れている，それに伴って保護者からクレームが入ることによって悩み，場合によっては心を病む教師の相談にのることが多くありました。今も，そうした事例が少ないわけではありませんが，最近は，クラスは荒れておらず，子どもたちの間に小さなトラブルは日々あるものの，荒れているとは言えず，授業も成り立っているにもかかわらず，やりづらさを感じているケースや，時々教室に行けなくなるときがあるというケースの相談を受けることがあります。なかにはそうした状態で休職までした教師もいます。

　こうした事例を伺っていると，以前ほど子どもたちは教師とのつながりを求めていないことを思い知らされます。私がかつて担任した学級崩壊していると呼ばれたクラスは，ある意味「教師への反発」という形で教師の居場所を確保してくれていたように思います。しかし，これらの事例では教師に反発もしないけど，積極的に関わろうともしないわけです。悪気もなく無視されるような日々に，教師の心が日々折れていくのかもしれません。

　教師がリーダーシップを発揮できない状況では，たとえ荒れていなくても充実感が損なわれていたり，孤立している子どもがいたりすることが想定されます。近年，人の幸福感とつながりが深く関わっていることが様々な調査で報告されています。子どもも教師も「明日も行きたいと思える教室」の実現のためには，心理的安全性を育てるのは教師の役割であることを自覚し，教師自らつながる力を発揮し，子ども同士のつながる力を引き出していくようなリーダーシップが求められているのではないでしょうか。

参考文献

・赤坂真二「学校の心理的安全性 第1回 心理的安全性とは」『授業力 & 学級経営力』61(4)，明治図書，2023，pp.120-123

・赤坂真二「学校の心理的安全性 第2回 心理的安全性の意味と効果」『授業力 & 学級経営力』61(5)，明治図書，2023，pp.120-123

・赤坂真二「学校の心理的安全性 第3回 心理的安全性と学級経営」『授業力 & 学級経営力』61(6)，明治図書，2023，pp. 120-123

・赤坂真二「学校の心理的安全性 第4回 教室における心理的安全性の見方」『授業力 & 学級経営力』61(7)，明治図書，2023，pp. 120-123

・赤坂真二「学校の心理的安全性 第5回 学級集団がチームになるプロセス」『授業力 & 学級経営力』61(8)，明治図書，2023，pp.120-123

・赤坂真二「学校の心理的安全性 第6回 学級集団と発達段階」『授業力 & 学級経営力』61(9)，明治図書，pp.120-123

・赤坂真二「学校の心理的安全性 第7回 心理的安全性と学級担任」『授業力 & 学級経営力』61(10)，明治図書，pp.120-123

引用文献

1　野田俊作顕彰財団ＨＰ「アドラー心理学とは」
（https://adler.or.jp/%E3%82%A2%E3%83%89%E3%83%A9%E3%83%BC%E5%BF%83%E7%90%86%E5%AD%A6%E3%81%AE%E5%9F%BA%E7%A4%8E/　最終閲覧日　2023年9月12日）

2　前掲1

3　岩井俊憲『人生が大きく変わるアドラー心理学入門』かんき出版，2014

4　前掲3

5　前掲1

6　前掲1

7　前掲3

8　諸富祥彦『学校現場で使えるカウンセリング・テクニック（上）　育てるカウンセリング編・11の法則』誠信書房，1999

9　前掲1

10　前掲3

11　前掲1

12　前掲1

13　前掲3

14　A.アドラー，岸見一郎訳『個人心理学講義』　一光社，1996

15 野田俊作『アドラー心理学トーキングセミナー 性格はいつでも変えられる』アニマ2001, 1997

16 前掲15

17 前掲15

18 エイミー・C・エドモンドソン，野津智子訳『チームが機能するとはどういうことか 「学習力」と「実行力」を高める実践アプローチ』英治出版，2014

19 エイミー・C・エドモンドソン，野津智子訳『恐れのない組織 「心理的安全生」が学習・イノベーション・成長をもたらす』英治出版，2021

20 前掲18

21 前掲18

22 A. H. マズロー，小口忠彦訳『改訂新版 人間性の心理学 モチベーションとパーソナリティ』産能大出版部，1987

23 前掲19

24 前掲19

25 石井遼介『心理的安全性のつくりかた』日本能率協会マネジメントセンター，2020

26 厚生労働省「令和3年度我が国における過労死等の概要及び政府が過労死等の防止のために講じた施策の状況」『令和4年版過労死等防止対策白書』(https://www.mhlw.go.jp/stf/wp/hakusyo/karoushi/22/index.html 2023年10月3日最終閲覧)

27 赤坂真二『スペシャリスト直伝！ 学級を最高のチームにする極意』明治図書，2013

28 河村茂雄『日本の学級集団と学級経営』図書文化社，2010

29 前掲28

30 前掲18

31 前掲18

32 前掲18

33 前掲28

34 本間道子『集団行動の心理学 ダイナミックな社会関係のなかで（セレクション社会心理学)』サイエンス社，2011

35 前掲18

36 前掲18

37 河村茂雄『学級集団づくりのゼロ段階 学級経営力を高める Q─U式学級集団づくり入門』図書文化社，2012

38 前掲37

39 前掲37

40 前掲34

41 前掲34

42 K.ブランチャード，S.ジョンソン，小林薫訳『1分間マネジャー 何を示し，どう褒め，

どう叱るか！』ダイヤモンド社，1983

43　前掲34

44　前掲18

45　前掲18

46　前掲18

47　ジェア・ブロフィ，中谷素之訳『やる気をひきだす教師　学習動機づけの心理学』2011，金子書房

48　宮田延実「特別活動を通して育成する社会性についての検討　小学生の「社会的な資質」を育成するモデル化の試み」日本特別活動学会紀要，第18巻，2010，pp.72-80

49　石田光規『友人の社会史　1980-2010年代　私たちにとって「親友」とはどのような存在だったのか』晃洋書房，2021

50　前掲49

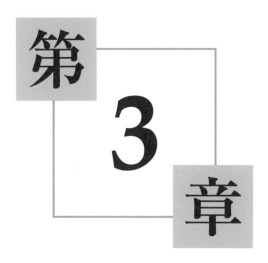

第3章

クラス会議の指導案

1 実践する前に

1 クラス会議を実施する時間

本書で紹介するクラス会議は，

> 学級活動の時間に実施する

ことを想定しています。クラス会議のイメージをもっている方にとっては，「クラス会議の時間？　それは，学活（学級活動）でしょ？」と反射レベルで思いつくでしょう。しかし，そのイメージがない方は「いつやればいいの？」と疑問に思う場合もあるでしょう。クラス会議は，子どもたちによる生活の諸問題を話し合う活動なので，最も親和性の高い時間は，特別活動のなかの学級活動となるでしょう。

ただ，これまで取り組まれてきた学級会とクラス会議は違うという意見があることも事実です。勿論，両者は異なります。しかし，だからといってクラス会議は学級活動ではないという話にはならないでしょう。

そこでは，特別活動の目標を確認してみます。小学校学習指導要領（平成29年告示）解説「特別活動編」には，次のように記載されています。

> 集団や社会の形成者としての見方・考え方を働かせ，様々な集団活動に自主的，実践的に取り組み，互いのよさや可能性を発揮しながら集団や自己の生活上の課題を解決することを通して，次のとおり資質・能力を育成することを目指す。
> (1)　多様な他者と協働する様々な集団活動の意義や活動を行う上で必要となることについて理解し，行動の仕方を身に付けるようにする。
> (2)　集団や自己の生活，人間関係の課題を見いだし，解決するために話

し合い，合意形成を図ったり，意思決定したりすることができるよう
　　にする。
(3)　自主的，実践的な集団活動を通して身に付けたことを生かして，集
　　団や社会における生活及び人間関係をよりよく形成するとともに，自
　　己の生き方についての考えを深め，自己実現を図ろうとする態度を養
　　う。

　このように現行の学習指導要領における特別活動は，まず，「為すことに
よって学ぶ」という伝統的な特別活動のあり方に則り，「集団活動における
集団や自己の生活上の課題を解決すること」が前提となっています。そうし
た活動を通して，他者と協力することの意味を理解し，そのためのスキルを
学習します。また，集団活動によって，集団や個人の課題を見つけ出し，話
し合い及び合意形成，意思決定能力を養います。こうして身につけたスキル
を活かし，人間関係形成能力を高め，自己実現しようとする姿を育成しよう
としています。

　では，学級活動はどうなっているでしょうか。その目標は次のようになっ
ています。

　　学級や学校での生活をよりよくするための課題を見いだし，解決する
　ために話し合い，合意形成し，役割を分担して協力して実践したり，学
　級での話合いを生かして自己の課題の解決及び将来の生き方を描くため
　に意思決定して実践したりすることに，自主的，実践的に取り組むこと
　を通して，第1の目標に掲げる資質・能力を育成することを目指す。

　ここから学級活動の題材は，学校，学級生活であり，ねらいは，その向上
であることがわかります。ねらいの達成のために，話し合いをして，解決策
を見つけ，解決策を実行するために役割分担をし，協力して実行することを
意図していることがわかります。また，そうした話し合いを通して，自分自
身の課題を解決し，将来の方向性を決定するための意思決定を学び，実践す

ることを通じて，自主性と実践力を育てることを目指しています。

　クラス会議を既に実践したことがある方は，「クラス会議そのものだ」と感じたかもしれません。クラス会議は，学校，学級の生活上の諸問題や学級のメンバーの課題を題材として，その解決策を話し合います。集団に関わる課題の場合は，決定したことを実行するために協力してアクションを起こします。一方，個人の課題の場合は，他者の悩みや葛藤を共に考えることで自分の課題に気づいたり，自分がこれからどうしていこうか考えたりします。

　こうした活動を成立させるために，クラス会議では他者と協力する意味を知ったり，そのための様々なスキルを学習したりします。また，話し合いにおける解決策の策定や決定においては，合計形成や意思決定の意味やスキルを学ぶこととなります。そうした集団生活や個人の問題の解決に積極的に関与する経験を繰り返しながら，人とよりよい関係を築く意味を学び，同時にそのためのスキルを学んでいきます。このように，クラス会議は，

> 人とつながって生きることの意味や，そのためのスキルを体験的に学習する時間

です。それは，日本の学校教育が，伝統的に特別活動を中心にしてずっと営んできたことです。

　国語の教科書を使って，道徳的価値の学習をしていたら「それは国語ではない」と言われるでしょう。道徳の教科書を使って，資料の読解や要約で終わっていたら，「それは道徳ではない」と言われるでしょう。学習指導要領はねらいを示すことはあっても方法を事細かく規定はしてないはずです。学習指導要領解説の特別活動編にも，学級活動の学習過程の例は載っていますが，例ですから指導法の一つです。教科指導において，協同学習や学び合いや，学びのユニバーサルデザイン（UDL）また，自由進度学習など，今の子どもたちにフィットした効果的な学習方法が研究されています。学級活動における話し合い活動においても同様のチャレンジがなされていくべきではないでしょうか。

2 クラス会議プログラムの概要

　これまでクラス会議を実施したことがない方が，クラス会議を実施するときの壁は，大きく分けて2つです。1つは，「価値の壁」，もう1つは「見通しの壁」です。人は意味がわからないこと，やり方などの見通しが立たないものには，それをやろうとする意欲が高まらないものです。それをやることの価値がわかっても，やる方法がわからないとそれをやる見通しが立たないので，やろうとはしないでしょう。例えば，ダイエットするときに，それをやれば絶対に痩せるとわかっていても，あまりにも高額だったり，ハードなトレーニングだったりしたら取り組む人はほとんどいないと思います。

　また，逆に，やり方はわかっても，やる価値や意味がないものには取り組まないでしょう。ダイエットをしたくない人に，どんなに簡単で効果的なダイエット法を教えても取り組もうとしないのではないでしょうか。そもそもダイエットはその人にとって意味がないからです。

　クラス会議が現在の教室に取り組む価値があることを，ここまでに述べてきました。ここまでお読みになっている方は，程度の差はあれ，クラス会議にいくらかの興味をもち，また，何らかの意味を理解している方だと思います。そこで，ここからは方法の話になります。

　私が現在関わらせていただいている学校には，「学校ぐるみ」でクラス会議に取り組む学校があります。そうした学校のおかげで，実践も研究も進めることができました。しかし，どんな手法でもそうですが，そこに向かって前向きな方とそうではない方がいます。前向きな方は，クラス会議に既に取り組んでいて手応えを感じている方か，関心はありながら取り組んだことがなくそのきっかけを探っていた方です。後者は，価値や意味は理解していますが，「方法の壁」を感じている方です。後ろ向きの方は，そもそもの関心がない方，そして，かつて取り組んだことがあるけれども，うまくいかなくてその効果を疑っている方です。これらの方は，価値と見通しの両方の壁がある方です。たまに，やり方はわかるけどやらないという方がいますが，そ

のやり方も誤って理解している可能性があるので，基本的には2つ壁のある方だと捉えていいかもしれません。

　ここに示すのは，全校で取り組もうとする学校に紹介しているプログラムの最もスタンダードなものです。「先生方とクラス会議の方法を分かち合うとき」に，最もよい形式は何かと考えたときに，やはりそれは「指導案」であろうという結論に至りました。そこで，本書では**指導案形式**を中心にして，クラス会議の方法をお伝えしようと思います。

　本章の内容は，**マニュアル**です。マニュアルは，どの教室でも一定レベルの実践ができることを目指す「最低限度」の情報です。したがって，クラスの実態によって必要のない情報も多々あることでしょう。自転車の乗り方を教えるときに，補助輪の存在が邪魔になる場合もあります。補助輪などがない方が，上達は早いわけです。しかし，世の中には補助輪がないと，自転車にまたがることすら難しい方もいます。できるだけ多くのクラスの実態をカバーできるように，不要な情報も記載しています。読者のみなさんの方で，取捨選択して実践していただければと思います。

　クラス会議の方法を，「クラス会議プログラム」という名前をつけて紹介しています。話し合い活動は，本来的にはプログラムをつくってパターン化しない方がいいと思います。話し合いは，人の営み同様「生き物」ですから，マニュアル化やパターン化に馴染まないものだと思っています。しかし，そうした「型」がないことには，一歩を踏み出すことができないのも事実です。クラス会議は，いろいろな方法があろうかと思います。なによりも実践者とクラスの子どもたちと，ああでもないこうでもないと言いながら，そのクラスオリジナルのクラス会議をつくっていくべきだと思います。

　本書で紹介するクラス会議プログラムは，そんなクラスオリジナルのクラス会議をつくるときに「**たたき台**」にしていただければと思います。以下に示すのは，クラス会議プログラムの内容です。

　クラス会議の1〜4時間目は，問題解決の準備段階で，クラス会議で身につけていきたい，共同体感覚を支える価値・態度・スキルを学ぶ内容になっ

ています。勿論，その時間は，そういう考え方や技術があるのだと知る時間なので，身につけるのはその後のクラス会議や教科指導やその他の時間になります。実際に，多くの方が，所謂クラス会議だと捉えているのは，クラス会議の5時間目の問題解決の時間ですが，クラス会議の本来の目的からすると，準備段階と問題解決，全てがクラス会議です。本書の立場では，準備段階で学ぶこと抜きに問題解決の話し合いだけに取り組むことは，クラス会議とは言い難いです。逆に，準備段階を経ても，一定数以上の子どもたちにその内容が身についていないのであれば，それはクラス会議をやっていることにはなりません。クラス会議で大切なことは，人とつながって生きるための価値を知り，態度を身につけて，行動することなのです。

　とは言うものの，学級活動の時間の確保は難しいのも現実です。中学校の先生方からは，学年でやることが決まっていて，やりたくてもやれないというお話も聞きます。準備段階から問題解決まで全てに取り組むには無理があるという場合もあります。だから，自分のクラスでは必要ないなと思われるところは省略したり，別な時間に取り組んだり，または教師の語りなどで日々じわりじわりと伝えるなどの方法でもよろしいかと思います。

　またクラス会議の頻度ですが，本プログラムは，週1時間の学級活動の時間での実施を想定します。回数の多い方が効果は表れやすいです。しかし，実際には，2週に1度，月に1度になるようなこともあろうかと思います。私が学級担任をしているときも月に1度になってしまうこともありました。そういうときでも議題は溜まります。その場合は，後に示す，短縮した形で取り組んでいました。

アドラー心理学に基づくクラス会議プログラム

3 願い

　クラス会議は，年間に及ぶ長期のプログラムです。実践が長期に渡ると何のためにやっているのかわからなくなったり，自分の思い込みだけで実践を進めてしまったりすることがあります。実践の効果は一貫性によってもたらされます。方向性を誤った取り組みや一貫しない取り組みは，本来ねらっているところと違う結果をもたらすことでしょう。

　また，クラス会議を学校や学年など複数のクラスで実践する場合は，方法の共有もさることながら，考え方やゴールイメージの共有をすることが大事です。もし，あなたがクラス会議の実践者で，その結果に満足しているのであれば，そのゴール像を追っていけばけっこうです。しかし，クラス会議を初めて実践する場合や誰かと一緒に実践する場合は，これから示すような願いを，実践者同士で共有することをお勧めします。願いはゴール像として機能してくれます。ゴールを共有すれば，細かなやり方の違いはあまり気にならなくなるでしょう。また，個人的に実践していたとしても，ときどき，以下のような願いの部分に回帰することで，ゴールを見失うことなく実践を続けることができます。

　以下の願いは，初めて実践する方に，実践前にお知らせしていることです。研修などでは，口頭で伝えていますが，今回は書籍用に文章化しました。なお，内容は，ネルセンら（会沢訳，2000）を参考にして作成しました[1]。また，子どもたちに活動の目的を話すときに，次頁からの願いを参考に語って聞かせることも，子どもたちとのゴール像の共有のためには有効でしょう。

クラス会議プログラムに込められた願い

　このプログラムは，ある願いに基づいてつくられました。それは，こんな願いです。

　子ども一人一人が，尊重される雰囲気のなかで，自分の人生を成功させるために必要な生き方を学ぶ。子どもたちが失敗しても，決して屈辱的な経験をせず，安全な環境のなかで失敗から学ぶことによって，たくましく生きる力を得る。子どもたちが協力することのすばらしさを知り，子どもと教師が解決に向けて協力し合う。子どもと教師が，お互いに生活や学習に対するやる気を引き起こすような環境をつくりあげる。子どもたちが，学び，生活する教室をそんな場にしたい，という願いです。

　クラス会議は，自分たちの生活上の課題を話し合いによって解決することで，学級を向上させていく活動です。一見，これまで多くの教室で行われてきた話し合い活動によく似ています。しかし，実施してみるとわかりますが，これまでの話し合い活動にはない要素が含まれていて，それぞれが実現されてくると，様々な好ましい変化が教室に起こることでしょう。

　このプログラムを実施することにより，子どもたちが次のようなスキル，態度や認識を身につけることが期待できます。

①子どもたちは，非難や批判をされない安全な環境のなかで自分たちの行動を振り返り，問題を解決することで，自分が有能であるという認識を育てます。

②子どもたちは，自分の感情や考えを真剣に受け止めてもらえる雰囲気のなかで，意見を発表したり，提案したりすることで，自分はこのクラスで存在する意義があるという認識を育てます。

③子どもたちは，他の人やクラスに貢献することで，自分の力でプラスの環境をつくることができることを知り，自分の人生をコントロールできるという認識を育てます。

④子どもたちは，自分自身の感情や行動の目的を，お互いにフィードバックし合うことで，自分自身の感情や行動を理解し，それを自分のコントロールに生かすスキルを身につけます。

⑤子どもたちは，力を合わせて問題を解決することを通して，傾聴や人を傷つけない言い方といった効果的なコミュニケーション，協力，共感などの他の人とうまくやっていくスキルを身につけます。

⑥子どもたちは，間違いや失敗を責めない雰囲気のなかで，失敗によって学ぶことにより，責任をとるスキルを身につけます。

⑦子どもたちは，間違いや失敗，試行錯誤を通して，適切な判断をするスキルを身につけます。

4 実施スケジュール

　以下に示すのは，クラス会議の全体計画です。話し合い活動に不慣れな教師や子どもたちでも，クラス会議を機能させるために必要な価値，態度，スキルを段階的に学びながら，実践できるように計画されています。それぞれの時間に学ぶ内容は，1回の学習で理解はできても実践できるわけではありません。また，多くの子どもたちが理解できても，全ての子どもたちが理解しているわけではないでしょう。それぞれの時間に学んだことの日常化や一般化がとても重要になります。

　そのため，学習のポイントに関するポスターなどを掲示して，気づきを促します。また，注意の道具としてばかり使うのではなく，子どもたちが学習したことを活用したときは，「今の○○さんの行動（発言）は，この前クラス会議で学んだ，こういうことにつながるね」とポスターの内容を関わらせて意味づけをしたり承認したりします。むしろ，注意喚起よりもこうした適切な姿の強化に使用することが望ましいです。

　クラス会議で学んでいることは，クラス会議の時間だけでなく，教科指導の時間や生活指導でも活用できます。クラス会議以外の場面でも折に触れて「こういうときはどうするんだったかな」とポスターの内容を想起させたり，また，忘れている子には，ポスターをそっと指し示すなどして注意を向けさせたりします。

　このプログラムは，前に述べたように週に1回程度実施するように作成してあります。

　5回目以降は，子どもから出された議題に基づき話し合うスタイルで進めていきます。司会進行を子どもに任せてもいいなと判断したら，司会進行マニュアルを子どもたちと共有して，子どもたちに委ねてみてください。なお，時期については空欄になっています。ご自身のスケジュールに合わせて，およその実施日を記入してみてください。

時間	時期	ねらいと内容
1 クラス会議を立ち上げる	月 日	【テーマ】 始めよう！ クラス会議 ―輪になって「Happy, Thank you, Nice」― 【ねらい】 ○クラス会議の目的を知り，クラス会議への意欲をもつ。 ○クラス会議の場づくりについての話し合いを通して，協力的な雰囲気をつくる。 ○「Happy（いい気分になったときのこと）」「Thank you（誰かに感謝したいこと）」「Nice（誰かをほめたいこと）」を発表することを通して，あたたかで前向きな雰囲気をつくる。 【内容】 クラス会議の目的を知った後，いすだけで輪になる活動を通して，達成感を感じることで，協力して活動するよさを感じる。また，肯定的な感情を出し合う活動を通して，互いを受け入れ，積極的に活動に取り組む雰囲気をつくり，これから始まる活動に前向きな期待をもつ。また同時に，1日の生活のなかで肯定的な感情をもち，それを積極的に表現するよさを実感する。
2 効果的なコミュニケ	月 日	【テーマ】 伸ばそう！ コミュニケーションの力 ―効果的な聴き方・話し方で解決を目指す― 【ねらい】 ○効果的な聴き方や話し方に関するアクティビティを通し，お互いを大切にするコミュニケーションの仕方を考える。 ○責めたり罰したりすることの結果を考えることを通して，話し合いの目的を知る。 ○安心して話し合うためのルールを考えることを通して，効果的なコミュニケーションをしていく意欲を高める。 【内容】 傾聴や相手を傷つけない言い方を考え，体験することで互いを大事にするコミュニケーションの方法を知る。また，相手を責め

ーション		たり罰したりするコミュニケーションの結果を考え，それが問題解決につながらないことを知ると共に，話し合いの目的は問題解決であることを知る。最後に本時で学んだことをもとに，みんなが安心して話し合うためのポイントをルールとして確認することで，互いを大事にするコミュニケーションをしていく意欲を高める。
3 異なる見方・考え方	月 日	【テーマ】 　いろいろな見方・考え方がある 　―5匹の動物のアクティビティ― 【ねらい】 ○「5匹の動物のアクティビティ」を通し，いろいろなものの見方・考え方があることに気づく。 ○短所を長所として捉える活動を通し，物事の長所に注目していこうとする意欲を高める。 【内容】 　5種の動物からなりたい動物を1種選び，その動物を選んだ理由と他の動物を選ばなかった理由を発表し合うことで，同じものを見ても人それぞれの見方をしていることや物事の見方や考え方はひとつではないことに気づく。また，一見よくないと思えることの見方を変える活動を通して，物事のよさを捉え直し，そこに注目する大切さに気づく。これらの活動を通して，人はそれぞれ異なる見方や考え方をしていて，多様な視点があると共に，どんな物事にもよい面とそうではない面があり，それは自分の見方・考え方で変わってくることに気づく。
議題を集める		議題を集めよう ○第3回クラス会議の後で議題（クラスで話し合いたいこと・困っていることなど）を集めることを知らせる。 ○議題を提案したいときは，議題記入用紙に必要事項を記入し，議題箱に入れるように伝える。
		【テーマ】 　効果的な問題解決を 　―勇気づけとブレインストーミング―

4 問題解決の勇気をもつとき	月 日	【ねらい】 ○悩みをもつ人の相談にのる活動を通して，やる気が出るような解決策を考えることの大切さに気づく。 ○ブレインストーミングを通して，協力して問題解決をしようとする意欲をもつ。 【内容】 　人が責めたり罰したりされたときの心情を考えることを通して，人がやる気になるのはよい感情を味わったときであること，そして，他者支援や問題解決において，やる気を高めるような解決策を考えることが大事であることを知る。また，よいアイディアを数多く集めるためにはブレインストーミングが有効であることを知り，それを体験することで協力して問題解決をしようとする意欲をもつ。
5 問題解決を始める	月 日	【テーマ】 　やってみよう！　問題解決 　―勇気づけ合うクラスを目指して― 【ねらい】 ○これまで学んだ価値，態度，スキルを活用して，クラスの問題やクラスメイトの悩みなどを解決することを通して，自分を受け入れ，他者を信頼し，お互いを認め合い，他者に貢献しようとする意欲と態度を育てる。 【内容】 　対等な立場に立つこと，肯定的な感情を出し合ってあたたかで前向きな雰囲気をつくること，効果的なコミュニケーションスキルを活用して互いを尊重すること，多様な見方・考え方をに基づき，長所に注目すること，やる気の出る解決策を考えること，ブレインストーミングによって多様なアイディアを集めることなど，これまで学んだ価値，態度，スキルを活用しながら，議題箱に提案された個人の悩みやクラスの問題を話し合って解決する。なお，これらの価値，態度，スキルは毎回のクラス会議だけでなく，教科指導，学級生活において必要に応じて指導することで定着する。

　本プログラムは，４時間目までに問題解決をするための準備を整え，５時間目から，子どもたちの悩みごとや生活上の諸問題の解決を繰り返すことで，共同体感覚の育成に必要な価値，態度，スキルを身につける構造になっています。この後，詳しい進め方が述べられていますが，そこでは十分に伝えられなかったことを「目的達成をサポートする10ポイント」として以下にまとめました。

　クラス会議を運営するうえで迷ったり，困ったりしたときに参照してみてください。それでもわからないことが多々出てくることと思います。そうしたときは，

　子どもに尋ね，子どもと話し合って決める

のがいいしょう。クラス会議を機能させるうえで，最も効果のある選択肢となることでしょう。

ポイント①　役割と位置

・子どもに進行を委ねる場合の基本的な役割は，司会１名，副司会１名，黒板書記１～２名（子どもの記録の速さによる），ノート書記１名です。ノート書記は，日直に任せるクラスもあります。

・それぞれの役割は，以下の通りです。

　　司　会：クラス会議の進行。

　　副司会：司会の補助，タイムキーパー，教師との連絡。

　　書　記：黒板に話し合われていることを記録。

　　ノート：板書されたことをノートに記録。

・司会などの役割は，生活班ごとに担当するクラスもありますが，自信のない子がいる場合，戸惑うでしょうし，練習が必要になったりします。まずは，立候補で募り，やりたい子にやってもらうと雰囲気もよくなりますし，

楽しそうにやっている姿を見て，他の子も私もやってみたいと思うことでしょう。

・司会の位置は，黒板に一番近い所で，その隣に副司会がいるというクラスが圧倒的に多いです。ノート書記はどこにいてもいいですが，副司会は，司会者の隣にいて，コミュニケーションをとりやすいようにしておきます。

・司会，副司会は自分の席で会議を進行します。

・黒板書記は，最初から黒板の前にいすを置いて参加するクラスもあれば，「Happy，Thank you，Nice」の発表の後，黒板の前に移動するクラスもあります。

・黒板書記は前もって「日付」「タイトル」を黒板に書いておきます。

ポイント②　「話し合いのルール」の扱い

・第2回クラス会議で，安心して話し合うためのルールを決めます。プログラムでは，クラス会議の開始後に，決まりをみんなで読み上げていますが，定着してきたら，毎回読み上げなくてもよいでしょう。

・話し合いの過程で，話し合いのルールを配慮しないような態度が見られたときに「○○さん，話し合いのルールを思い出してごらん」と声をかける方が効果的なこともあります。

・このルールは，クラス会議の時間だけ守ればいいというものではありません。他の時間にも積極的に活用したいものです。学校生活は，教師と子ども，子ども同士のコミュニケーションで成り立っています。話し合いの決まりが学校生活全体で想起され，定着することで子どもたちの安心感は増すことでしょう。

ポイント③　「意見が言えない子」への配慮

・クラス会議の発言は，輪番でなされることが基本です。発言が苦手な子は，プレッシャーを感じることでしょう。言えないときは遠慮なく「パス」をしていいことを伝えましょう。

・また，「Happy, Thank you, Nice」では，誰かに感謝したり，誰かのよさを伝えたりします。毎回名前をあげられ感謝されたりほめられたりする子もいれば，何度クラス会議をしても，名前があがってこない子もいます。名前をあげられることを重視すると，名前があげられない子は肩身の狭い思いをするかもしれません。「肯定的な感情を表現することができることや，誰かに伝えることが素敵なことであること」を教師は折に触れて話しましょう。

ポイント④ 「前回の解決策の振り返り」の意味

・クラスがポジティブに変化していくかどうかは，前回の解決策の振り返り方が大事な鍵を握っています。

・クラス会議では，前回の解決策の振り返りをします。クラスのルールなどの解決策は基本的に，1週間だけ試されるのです。つまり，守られているルールや守られないルールは，ルールとして掲げておく意味がないわけです。

・「Happy, Thank you, Nice」の後に，前回の解決策がうまくいっているかどうか聞いてください。

・うまくいっていたら，「よかったね」と喜んだり，「がんばったね」と子どもたちの努力を労ったり，承認したりしてください。教師のそうした態度が，子どもたちを勇気づけ，子どもたちの自己に対する感情をポジティブにします。

・うまくいっていなかったら，再びクラス会議で話し合うことができることを子どもたちに知らせてください。重要なことは，問題解決には特効薬があるのではなく，あきらめないでいろいろやってみることが大切だと認識することです。

ポイント⑤ 議題における「子どもの実名」の扱い方

・議題の提案時には，議題提案用紙に子どもの実名が記載されることがあり

ます。

・クラスやクラス会議の雰囲気が受容的になってくれば，子どもの実名がクラス会議であがっても何ら問題はありませんが，クラス会議の初期やクラスの雰囲気が未成熟な場合は，クラス会議に否定的なイメージをもつ子どもが出たり，場合によっては不登校等の要因になってしまったりする可能性もあります。余程機能しているクラス以外は，「実名は書かない」というルールにした方が安全です。個人について書かなくてはならない場合は，「ある人」や「～する人がいる」などとした方がよいでしょう。議題を集めるときには，そうするように呼びかけておきます。ただし，議題提案者の名前は明記するようにします。自分の発信には，責任が伴うことは理解しておいてもらいたいと思います。

ポイント⑥　議題の取りあげ方

・原則として，提案された日付の早い順番に取りあげます。クラス会議では，議題箱に投函された議題は，原則的に「全て扱う」というスタンスを取ります。

・しかし，実際にはクラス会議の前に，教師が議題箱を開け，どんな議題が出されたかをチェックすることもあるでしょう。特定の誰かを非難する意図を感じる，そこまでいかなくても何らかの違和感を感じたときは，議題として取りあげる前に，提案者に意図や提案するに至った事情を確認しておくとよいでしょう。

・子どもたちが話し合いの必要性を見出せないと，話し合い自体が白々しいものになり，話し合いを進めることで，却って提案者の勇気をくじいたり，クラス会議を軽視する雰囲気を生んでしまったりしかねません。お互いを勇気づけ合い，尊敬の気持ちに満ちた話し合いにするためには，議題の提案者の気持ちに共感することが何よりも大事です。議題の共有のために次の方法を試してみることをお勧めします。

　　○話し合うことを明確にする

提案者の思いが明確な方が，提案者の思いに沿った話し合いをすることができます。話し合ってほしいことが不明確なときは，提案者に「話し合ってほしいことは何ですか」「みんなにどうしてほしいですか」「どうなってほしいですか」と尋ねてみましょう。

○議題を広げる

　「議題の提案者と同じことを思っている人や同じような経験をした人はいませんか」などと尋ね，その子どもたちにも願いを話してもらいます。同じ思いをもつ人がいると知ることで，提案者が勇気づけられるとともに，「特定の人の問題」ではなく「クラスの問題」としての認識が生まれ，話し合いに真剣さが出てきます。

○提案者の置かれた状況を明らかにする

　議題の内容の状況が不明確で，他の子どもが状況をつかみあぐねているときは，司会に下記のような質問をしてもらうことも有効です。司会が不慣れなときは，教師が直接提案者に質問してもよいでしょう。

「それが起こったのは，いつのことですか」

「どこで起こったのですか」

「どんなことが起こったのですか」

「それから何が起こったのですか」

「そのとき，あなたはどうしたのですか」

「そのとき，他の人はどうしたのですか」

「そのとき，あなたはそれでどう思いましたか・どう感じましたか」

○ロールプレイをする

　トラブルなどの状況を理解するときに，ロールプレイはとても有効です。その場面を再現してもらうことで，多くの子が状況を理解するでしょう。その場合は，おふざけにならないようにします。議題提案者は，深刻に悩んでいる場合があるからです。

ポイント⑦　ブレインストーミングの方法

・クラス会議では，問題解決のときに，まず「解決策を集める」活動をします。質のよい解決策を見つめるためには，まず，有効であろうがなかろうが解決策を数多く集めることが大事です。

・数多くの意見を集めるときには，ブレインストーミングの手法が有効です。ブレインストーミングは，他者の意見を批判したり，評価したりせず，アイディアの質より量を大事にして，自由にアイディアを出し合う活動です。

・次の３つのことを大事にします。

> ①思いついたことはどんどん言うこと
> ②人の発言をよく聴くこと
> ③人の発言を批判してはいけないこと

です。ブレインストーミングでは，議論はしません。ひたすらアイディアを出し合います。

・ブレインストーミングでは特に，話を聴く側の態度が大切です。「話し手を見る」「頷く」「話し手に体を向ける」など，聴いていることを態度で示すことです。積極的に聴いている姿勢や出される意見を受け入れようとする姿勢が，話すことに自信のない話者を勇気づけます。

・興味をひく意見が出たりすると，すかさず口を挟む子がいることがありますが，人の話は，最後までしっかり聴くように声をかけてください。

・子どもたちがブレインストーミングに慣れてきたら，挙手をして発言してもらったり，話したい子どもが自由に話をしたりするスタイルを試してみるのもいいでしょうが，慣れるまでは，座っている順番に話す，つまり「輪番」に話をしてもらうのがいいでしょう。

・同じ意見，似た意見は黒板上で近くに書いたり，まとめて書いたりすると，ディスカッション（「解決策を比べる」活動）のとき，意見がまとめられているので子どもが意見を言いやすくなるでしょう。

ポイント⑧　ディスカッションの方法

・解決策が集まったら，その解決策を比べて，問題解決に最も有効な解決策を探します。

・各学級で決めた「話し合いの約束」が守られていれば，ディスカッション，つまり，意見の比較検討の方法は，子どもたちの実態に合わせて実施すればいいと思います。

○発言する意欲の低いクラス・クラス会議初期のクラス

・パスが多く，意見を出す子どもが偏っていたり，意見の種類が少ないクラスでは，集められた解決策や，出された意見に対して，輪番で，賛成したり反対したり，質問をしたりします。勿論，パスを認めます。

・質問には，座席順に関係なく，質問が出た時点で答えることができる子が答えます。時間に余裕がある場合は，ひと回りした後，パスした子どもにもう一度話す機会を用意したいものです。さらに時間があれば，まだ言い足りない子どもにも発言してもらいます。

○発言意欲の高いクラス・クラス会議が軌道に乗ってきたクラス

・ほとんどの子どもが日常的に発言するクラスやクラス会議がスムーズに行われるようになったクラスでは，一般的に行われている挙手をして発言したり，挙手を経ないで発言したり，発言した子が次の子を指名するようなことをしているクラスもあります。

・大切なことは，できるだけ多くの子どもに発言の機会を用意することです。

・また，このプログラムでは，「人を責めない」こと，「罰しないこと」を大事にします。すると子どものなかには，誰かの意見に反対意見を言うことに抵抗を感じる子どもも出てくることがあります。

・そうしたときには，反対意見はよりよい話し合いのために必要なことであり，言うべきであること，そして，そのときに大切なことは，人を傷つけない言い方をすることであることを知らせてください。

ポイント⑨　多数決をするとき，しないとき

・クラス会議では，個人の悩みに関わること（個人議題）とクラスなどの集団に関わること（集団議題）の２種類の議題が話し合われます。したがって，最後の決定場面も２つの決め方があります。

・個人議題の場合，例えば，「だれに嫌がらせをされて困っている」などは，みんなで解決方法を話し合った後，出された解決方法のなかから，やってみたい解決策を選んでもらいます。

・話し合いの後に，議題提案者に「○○さん，このなかでやってみたい解決方法はありますか」と尋ね，解決策が選択されればそこでその議題に関する話し合いは終わりとなります。

・また，クラス全体に関わる集団議題の場合，例えば，クラスのルールを決める，お楽しみ会の内容を決めるなどのとき，合意がなされない場合には，多数決で決められることがあります。

・しかし，多数決に抵抗を示す子がいることもあるでしょう。話し合いが十分に行われていない可能性があります。その子は，まだ意見を言いたい，今出されている解決方法に不満があるなどのことがあるのかも知れません。

・そこで，「一生懸命考えたから，まだ，納得できないところがあるんだよね，がんばったね」とその子の話し合いにおける貢献を伝えたうえで，「どんな解決方法も一週間だけ試されます。もし，それがうまくいかないようだったらもう一度クラス会議に提案してみてください」とその子に提案してみてください。

・もっと話し合いたい子にとって，多数決をとることは「強制終了」のようなものです。だから，「時間を延ばすことは望ましくないこと」「納得できなければ再度話し合えること」，そして，「どんな約束も期限が一週間であること」などを伝えて，多数決をとることがあることを早い段階で子どもたちから了承を得ておくことが大事です。

ポイント⑩　教師の役割

・クラス会議における主な教師の役割は，子どもたちの活動を見守ることです。

・クラス会議中は，できるだけ口を出さないことが望ましいですが，それでも介入した方がいい場面はあります。

・話し合いがあまりにも横道に逸れたり，傾聴や人を傷つけない言い方や罰しない解決といった，クラス会議で学んだ価値や態度，スキルが活かされない場合は，気づきを促してください。

・クラス会議は子どもたちの自主的な活動を尊重する時間ですが，学級経営の一部分でもあります。クラス会議で学ぶことと教師の態度が矛盾しているようであると，クラス会議の効果がなくなるどころかマイナスに作用することもあります。逆に，クラス会議で学ぶ，傾聴や人を傷つけない言い方，罰しない解決方法などを教師が普段から心がけて実践することにより，クラス会議の効果が何倍にもなることが期待できます。

・クラス会議の終わりに，子どもを勇気づけてください。子どもは自分たちの取り組みに対する肯定的フィードバックを受けることで，自信をもち，積極的に生活する勇気をもちます。肯定的フィードバックのポイントは下に示す通りです。

　○貢献や協力に注目する

　　「議題提案者に寄り添おうとしていたか，問題解決のために協力していたか」

　○取り組んだ結果ではなく，取り組みのプロセスや努力の姿勢に注目する

　　「何ができたかではなく，どのように問題解決に関わったか」

　○失敗を受け入れる

　　「だめだったらまた挑戦をしよう，次はうまくいくかもしれない」

・教師が日常の活動のなかで，肯定的フィードバックによる勇気づけを用いて，クラス会議での学びと日常生活を結びつけるような発言をすれば，子どもはクラス会議以外の時間でも，クラス会議で学んだ価値，態度，スキ

ルをどんどん発揮することでしょう。

・例えば「先生は特に言わなかったけど，グループ学習の発表のときに，順番に発表しているグループがありました。笑顔で人の話を聞いているグループもあってすてきでした」，教科指導の話し合いのときに「最後まで人の話を聞いている人がたくさんいましたね」などです。

・教師の位置ですが，輪の中に入る教師もいれば，輪の外から見守る教師もいます。子どもたちの話し合いのスキルが未熟であったり，教師が子どもたちの対話に積極的に入りたかったりする場合は，輪の中に入ればいいでしょう。また，子どもたちの話し合いのスキルが高かったり，教師が子どもたちの話し合いにあまり影響したくなかったりする場合は，輪の外から見守り，必要に応じて助言をすればいいでしょう。

　次頁からがプログラムの本編です。本編を読んでみて，必要があれば，この10ポイントを再び参照してみて下さい。

【参考文献】
・ドン・ディンクマイヤー，ルイス・E・ローソンシー，柳平彬訳『勇気づけ　積極的な人間になるための秘訣』発心社，1983
・ルドルフ・ドライカース，ビッキ・ソルツ，早川麻百合訳『勇気づけて躾ける　子どもを自立させる子育ての原理と方法』一光社，1993
・J. ネルセン，L. ロット，H. S. グレン，会沢信彦訳『クラス会議で子どもが変わる　アドラー心理学でポジティブ学級づくり』コスモス・ライブラリー，2000
・野田俊作，萩昌子『学校教育に生かすアドラー心理学　クラスはよみがえる』創元社，1989

2 クラス会議プログラム

1 1時間目：クラス会議を立ち上げる

☑ テーマ

始めよう！ クラス会議 ―輪になって「Happy, Thank you, Nice」―

🔍 ねらい

○クラス会議の目的を知り，クラス会議への意欲をもつ。

○クラス会議の場づくりについての話し合いを通して，協力的な雰囲気をつくる。

○「Happy（いい気分になったときのこと）」「Thank you（誰かに感謝したいこと）」「Nice（誰かをほめたいこと）」（以下，「Happy, Thank you, Nice」）を発表することを通して，あたたかで前向きな雰囲気をつくる。

✏️ 準備

○授業中に提示するポスター

> 「おすし」のめあて
> お：もいやりをもって
> す：ばやく
> し：ずかに

○トーキングスティック

発言をするときに手にもつ，棒状の物，またはぬいぐるみなどのマスコットでもいいです。子どもたちが愛着をもてるキャラクターや，クラスや教師にとって何らかの意味のあるものがいいかもしれません。

○授業後に掲示するポスター

> 何か Happy と感じたことは？
> だれかに Thank you って思った？
> だれかを Nice と感じた？

📑 内容

○これまでのクラスの物事の決め方を思い出しながら，クラス会議の目的を知る。

○「素早く，静かに，思いやりをもって」クラス会議の場づくりをする方法を話し合い，いすだけで輪になる。

○「Happy，Thank you，Nice」を発表する。

○授業後にポスターを掲示する。

📖 展開

●教師の働きかけ　○子どもの反応・行動	・留意点
1　同意を得る ●みなさんはこれまで，クラスで困ったことが起こったとき，どうしていましたか。クラスで楽しいことを計画したいとき，どうしていましたか。 ○これまでの経験を思い出して答える。 ●私は，みなさんに，クラスのことはクラスみんなで話し合って決める，誰かが困っていたらみんなで助けて解決する，そんなクラスになってほしいと思っています。みなさんはどうですか。 ●週に1時間，困ったことやみんなで解決したいことを話し合ったり，楽しいことを計画したり	・クラス会議の主旨を伝える。 ・子どもの反応を確かめながらゆっくり話す。 ・クラスでの話し合いの経験や実施の時期を考慮して，クラスの実態に話の内容を合わせる。 ・クラス会議の名前を子どもたちの話し合いで決めると，クラス会議に愛着が湧く。

する時間を行っていこうと思います。その時間を「クラス会議」と呼びます。	
2　輪になるアクティビティ ●クラス会議は，みんなでクラスのことを考える特別な時間なので，みなさんの座席も普段の授業とは違ったものにしたいと思います。（机を廊下に出して）いすだけで輪になります。（「『おすし』のめあて」を示しながら）これを「思いやりをもって，素早く，静かに」するためにはどうしたらいいでしょうか。 ●机を出さないと輪になれない場合は，机を搬出することを伝える。 ○出入り口に近い人から机を出す。 ○おしゃべりをしない。 ○机を引きずらない。 ●それでは，これらの作戦でいすだけで輪をつくってみましょう。 ●いすが並んだら，「おすし」のめあてが守れたか感想を聞く。 　「うまくいった」という感想が多い場合は，みんなで意見を出し，協力して活動したことに労いの気持ちを示し，次へ進む。 　「うまくいかなかった」という感想が多い場合は，「うまくやるにはどうしたらいいでしょうか」とさらに改善策を集める。教室復元後，もう一度チャレンジをする。	・教師は，子どもの出した全ての意見を黒板に書く。 ・教師が一人一人の意見を尊重する受容的な態度を示し，お互いの話を聴き，何でも言える雰囲気をつくる。 ・たくさん意見が出た場合は「うまくいきそうなものはどれですか？」と複数回答で挙手をしてもらい，上位3つくらいを選ぶ。 ・うまくいかなかったら，それは「叱られること」や「責められること」ではなく，改善のために努力したり，アイディアを出せばいいことだと知らせる。 ・ストップウォッチで完了までの時間を計測すると評価しやすく，子どもも意欲的になる。目標の時間は子どもたちと決めてもよい。
3　Happy, Thank you, Nice	・再チャレンジのときには

●クラス会議は，進んで話し合ったり，協力し合ったりする時間です。そんな雰囲気をつくるために最初にすることがあります。それは，「いい気分になったこと，誰かに感謝したいこと，誰かをほめたいこと」を発表し合うことです。「Happy，Thank you，Nice の発表」です。それは，「Happy」は，誰かに何か言われたり，してもらったり，自分でうまくできるようになったり，何かいいことがあったりしていい気分になったときのことです。

例えば「昼休みに遊ぶ人がいないときに，○○さんが鬼ごっこに誘ってくれて嬉しかったです」というように，です。

「Thank you」は，「この前の算数のプリントがわからなかったとき，△△君が教えてくれて，ありがたかったです」というように，です。

「Nice」は，人のことでも自分のことでもいいです。例えば「□□さんは，苦手だった逆上がりができてすごいと思いました」というように，です。

このように，何があったのかという「出来事」とそれに対してどう思ったかという「気持ち」をセットにして伝えると，聞いている人によく伝わります。

・明るく前向きな雰囲気で取り組むようにする。
・発表内容が具体的にイメージできるように例示する。

4　発言ルールとトーキングスティック

●クラス会議はみんなで考える時間なので，発言は，この座っている順番で一人一人発言します。ただ，発言できないときもありますよね。そういうときは遠慮しないで「パスします」と言ってください。考え中の人は，「考え中です」と

・トーキングスティックが珍しくて遊んでしまう子がいる場合は，「それはクラスの大切なものだから，宝物のように扱ってくださいね」と扱い方を

言ってもいいですね。

●一人一人の意見をしっかり聞いて欲しいので，『私が話していますよ』ってことを一目でわかるようにするために，これ（トーキングスティック）をもって話します。だから，これを誰かがもってお話ししているときは，みんなでその人の話をしっかり聞くようにしてくださいね。

●少し，考える時間をとる。

●一人一人，トーキングスティックを回しながら，座席順（輪番）で発表する。

○前のマラソン大会の練習では30位だったけど今日の練習で25位になって嬉しい。

○昨日，鉛筆を忘れて困っていたら，○○さんが貸してくれて助かった。嬉しかった。

○△△君は，友達の給食を自分から運んでいるからとても優しいと思う。

●一度パスした子どもには，もう一度話すチャンスを用意する。

伝える。

・「〜してもらった」など出来事だけを発言する子には「それでどう思ったの」「どう感じたの」と聞き，気持ちや感情を表現してもらう。

・「○○さんは，えらい」「すばらしい」と賛辞だけ発言する子には「どんなことがあったからそう思ったの？」と聞き，具体的に事実を伝えてもらう。

・言えなかった子どもがいた場合は，「よかったことを見つけるのは大人でも難しいことです」と声をかけ，次は言えるように励まし，クラスには，「よかったことがどんどん言えるようなクラスにしていこう」と呼びかける。

	・これからのクラス会議で練習していくので，今日見つけられなくても努力すれば見つけられることも言い添える。 ・教師は，あまり感想などを差し挟まず，共感的に相槌や頷くことを心がけ，発言を受け止めるようにする。 ・今日のポイントをポスターに書いて掲示することを知らせる。
5　振り返り ●今日，クラス会議をやってみて思ったことや感じたことを教えてくれませんか。 ○輪になるのがうまくいってよかった。 ○××君にほめられて嬉しかった。 ○「いい気分になったときのこと」などを見つけるのは難しかった。 ●今日は，みんながクラス会議に向けて協力してくれたのでとても嬉しかったです。ありがとうございました。	・子どもたちの協力に感謝し，初めての取り組みへの努力を労う。

【参考文献】
・J. ネルセン，L. ロット，H.S. グレン，会沢信彦訳『クラス会議で子どもが変わる　アドラー心理学でポジティブ学級づくり』コスモス・ライブラリー，2000

心理的安全性の視点

　石井（2020）が示した日本の組織風土にマッチした，心理的安全性の要因は，①話しやすさ，②助け合い，③挑戦，④新奇歓迎でした[2]。

　1時間目は，「話しやすさ」の因子を強化する土壌をつくるうえで重要な役割を果たしています。まず，「輪になること」です。輪になること及び輪番で発言することは，その場にいるメンバーの対等性を象徴しています。話し合いにおいて，メンバーのモチベーションが下がる大きな要因は，一部の人たちが発言を独占してしまうことです。

　発言をしないままに，話し合いが進行し，さらには決定が下されてしまうと，自分が何もしていないにもかかわらず，物事が決まってしまう経験をすることになります。そうした経験を積むと，やがて，自分はそこにいなくてもいいんだ，または，話し合いは自分にとって意味がないものだという認識を生むことでしょう。

　誰かの横顔や後ろ頭を眺めながら話すよりも，表情を見ながら話す方が話しやすくなります。もちろん，輪になることや輪番で話すことにはデメリットもあります。穏やかな表情や相槌を打つなどの傾聴のスキルが伴わないところでは，却って話し手にプレッシャーを与えることになります。したがって2時間目以降にそうしたスキルを学習します。ここではまだ傾聴のスキルを学習していませんから，教師ができるだけ明るい雰囲気で穏やかに進行することが大事です。

　また，輪番発言も，必ず発言しなくてはいけないという負荷を感じる子もいるでしょう。そのために「パス」をするルールがあります。言えないときは，遠慮なくパスしていいことを伝えてください。初回は特に無理をして発言をさせないようにするのがいいでしょう。また，パスをすることを「失敗」と捉えないように声をかけてください。例えば「発言できるときに発言するのがクラス会議です。あなたはクラスの大事なメンバーだから発言の機会が用意されています。でも，発言するかはあなたの自由ですよ」などと声

をかけてもいいかもしれません。

　輪になること，輪番発言もそうですが，トーキングスティックの使用にも
違和感をもつ子もいるかもしれません。しかし，継続してやっていると段々
子どもたちもその意味がわかってきて，トーキングスティックをもっていな
い子が不規則な発言をしていると，「今，○○さんの話す番だよ」などと声
をかけてくれるようになることがあります。トーキングスティックによって，
誰が話す番なのかが可視化されるからです。

　これも一人一人の話をしっかりと聞くためのシステムの一つです。人は，
話をしっかりと受け止めてもらうことで，居場所を感じたり，自尊感情を高
めたりします。また，話題が「Happy（いい気分になったときのこと）」
「Thank you（誰かに感謝したいこと）」「Nice（誰かをほめたいこと）」にな
っているのは，ポジティブな感情を受け止め合うことをねらっています。人
と人とがさらに深く信頼関係を築くのは，ネガティブな感情を共有したとき
かもしれません。しかし，いきなり怒りや悲しみは共有されないのではない
でしょうか。まずは，ポジティブな感情を共有することで，あたたかな雰囲
気をつくり，話しやすい空気をつくります。

　1時間目には，「輪になること」「輪番発言」「パスをすること」「トーキン
グスティックを使用すること」そして，「ポジティブな感情の共有」などの
仕組みによって，「話しやすさ」を高めるための環境をつくっています。

2　2時間目：効果的なコミュニケーション

☑ テーマ

伸ばそう！　コミュニケーションの力

―効果的な聴き方・話し方で解決を目指す―

🔍 ねらい

○効果的な聴き方や話し方に関するアクティビティを通し，お互いを大切にするコミュニケーションの仕方を考える。

○責めたり罰したりすることの結果を考えることを通して，話し合いの目的を知る。

○安心して話し合うルールを考えることを通して，効果的なコミュニケーションをしていく意欲を高める。

✏ 準備

○傾聴のアクティビティの話題（例）「楽しかったことやうれしかったこと」

○場面絵①－1

○場面絵①－2

○場面絵②　　　　　　　　　　　　　　　　　　（ポスター例）

安心して話し合うために
○人の話をよく聴く。
○人を傷つける言い方をしない。
○人を責めない。
○解決を目指す。

○授業後に掲示するポスター「安心して話し合うためのルール」（例／右上）
　実際は，子どもたちの言葉でまとめるのが望ましい。

📝 内容

○傾聴のアクティビティを通して，聴いていることを態度で示す積極的な聴き方を知る。

○人を傷つけない言い方について考える。

○話し合いの目的を知る。

○安心して話し合うためのクラスのルールを考える。

📖 展開

●教師の働きかけ　○子どもの反応・行動	・留意点
○いすだけで輪になり着席する。	・開始時刻までに前回のようにいすだけで輪になり着席しておくように伝えておく。
1　Happy，Thank you，Nice ●2回目のクラス会議を始めます。クラス会議はいつも「Happy，Thank you，Nice」の発表から始めます。 ○想起する時間を1，2分とってから発表を始める。	・発表できる子どもから話してもらってもいい。教師から始めるのが安心感を与える。 ・言いにくそうにしていたら「Happy，Thank you，Nice」の内容を伝えたり，パスを促したりする。
2　傾聴のアクティビティ ●クラス会議は，話し合いが中心の活動です。話し合いがうまくいくためには，みんながお互いを大切にし，安心して話し合うために必要なことを考えましょう。 ●まず，聴き方を考える活動です。それでは，2人組になります。じゃんけんをして，「聴き役」	

と「話し役」を決めます。

○２人組になって，じゃんけんをする。

●話し役の人は前もって考えておいた「楽しかったこと・うれしかったこと」を聴き役に伝えます。ただし，聴き役の人は話を聞くときに頷いたり，返事をしたりなどの「反応」をしないでください。

○話し役は話し，聴き役は反応しない。

○終わったら役割を交代する。

●話し役の人は，先ほどと同じように「楽しかったこと・うれしかったこと」を聴き役に伝えます。聞き役の人は，今度は，話し役の方をしっかり見たり，頷いたりして聴いていることを態度で示してください。

○話し役は話し，聴き役は聴いていることを態度で示しながら聴く。

○終わったら役割を交代する。

●２つの聴き方をやってみて，思ったことや感じたことを発表してください。

○ちゃんと聴いてくれた方が話しやすい。

○聴いてくれないと話す気がしなくなる。

●話を聴くときには，ただ聴くだけではなく，相手を見たり，頷いたり，相槌を打ったりして「話を聴いていることを態度で示す」と話をしている人が嬉しくなるし，また一緒に話をしたくなりますね。

・前もって全員に話題を考えておいてもらう。

・教師と代表の子どもで，お手本を見せて活動がイメージできるようにする。

・時間は，30秒程度，子どもの実態に合わせて設定する。

・過度に笑ったりして，活動に集中できない子どもには「聴き方の学習ですよ」と注意喚起する。

・ここでも，代表の子どもとお手本を見せる。

・発言は挙手でも輪番でもよい。

・それぞれの活動の前に，よくない聴き方，よい聴き方のイメージを子どもから募り，確認しておくとより取り組みやすい。

・活動の意味づけは，説明するのではなく，子どもの発言とつなげるようにして話す。

3　相手を傷つけない言い方のアクティビティ

●では，次に自分の意見や気持ちの伝え方について考えましょう。
　Ａ太さんとＢ子さんが次のお楽しみ会の内容に

・場面絵①－１を提示しながら，話す。

ついて話し合っています。Ｂ子さんがＡ太さん
に言いました。
Ｂ子：次のお楽しみ会ドッジボールにしようよ！
それを聞いたＡ太さんはこう言いました。
Ａ太：ドッジボールなんて面白くない！
こう言われたＢ子さんは，どんな気持ちがした
でしょうか。

●それでは，Ａ太さんとＢ子さんになって，ロー
ルプレイ（劇）をして，Ａ太さんの気持ちを味
わってみましょう。
①２人組になる。
②役割を決める。
③それぞれの台詞を言う。
④役割を交代する。

●Ａ太さんをやってみてどんな気持ちがしました
か。
○嫌な気持ちになった。
○次に発言するのが怖くなった。
○責められている感じがした。

●実はＡ太くんは，以前，ドッジボールをしてい
てボールが頭に当たり，ずいぶん痛い思いをし
ました。それからドッジボールが苦手になって
しまったのです。でも，だからといって，Ｂ子
さんの気持ちを傷つけなくてもいいですよね。
では，Ｂ子さんの気持ちを傷つけずに自分の気
持ちを伝えるには，Ａ太さんはどのように言え
ばいいでしょうか。
○ドッジボール，ぼく苦手だから，他のにしな
い？
○前，ボールが頭に当たって，ちょっと嫌だな。
リレーはどう？

・場面絵①－２を提示しな
がら，話す。

・クラスの実態によってロー
ルプレイが適さない場
合もあるだろう。そのと
きは，ここで意見を求め
てもよい。

・相手の意見に対して異を
唱えてはいけないと誤解
しないようにする。

・全ての意見を認めたうえ
で，適切な答えが出な

●子どもの意見の適当なものを取りあげたり，適宜修正したりして，再び演じてもらう。

●先程の言い方と比べてどんな感じがしましたか。

○今の言い方の方だと，あんまり嫌な気持ちがしなかった。

●相手と自分の意見が違ったとき，それは相手に伝えていいのです。むしろ，伝えた方がお互いにわかり合えます。そうしないと自分が傷ついてしまうことがあります。だからといって怒ったり強い言い方をしたりしたら，相手を傷つけてしまうかもしれませんね。そういうときには，相手の気持ちを傷つけないように伝えることが大事ですね。自分も相手も傷つけないようにしたいですね。

●人の意見を「違う，間違っている，おかしい」と決めつけるのでなく，自分とは違うなら「私は（ぼくは）こう思う」と言うと，相手をあまり嫌な気持ちにしないで自分の考えを伝えることができますね。

かったら，下の例を示す。

（例）ドッジボールは苦手なので他のがいいな。

（例）ドッジボールもいいんだけど，リレーをやりたいな。

・お互いを大切にするコミュニケーションをするように促す。

4　話し合いの目的を知る

●伝え方についてもう一つ考えてほしいことがあります。例えば，朝学習の時間におしゃべりをしている人たちがいました。おしゃべりをやめさせたいと思って3人が声をかけました。

（例）「さわいでいいと思ってるの？」

　　　「何考えてんだ！」

　　　「うるさいから出ていけ！」

と言ったとき，この後，どういうことが起こるでしょうか。

○おしゃべりをやめる。

・場面絵②を示しながら話す。

・セリフは子どもの実態に合わせて変えてよい。

・考えにくい子どもには，自分が誰かに責められた経験を思い出させ，そのときどういう気持ちになったか考えさせる。

・「おしゃべりをやめる」

○けんかになる。 ○周りで聞いている人も嫌な気持ちになる。 ●私たちにとって大切なのは，人を責めたり罰を与えたりすることでしょうか。それとも問題を解決することでしょうか。 ○問題を解決すること。 ●問題を解決するときに人を責めたり罰したりする必要はありません。クラス会議やその他の話し合いも誰かを責めたり罰したりする時間ではありません。問題を解決する時間です。	といった意味の発言が出た場合には，「声をかけられた人たちは，どんな気持ちになっているかな」と聞くなどして，責めることや罰することで行為をやめさせることができても，問題の解決にならないことに気づくようにする。
5　安心して話し合うためのルール ●最後に，今日，学んだことからお互いを大切にし，安心して話し合うために大事にしたいことをまとめましょう。どんなことをしたら，みんなが安心して話し合うことができますか。 ○人の話をよく聴く。 ○人を傷つけるような言い方をしない。 ○人を責めない，罰しない。 ○解決を目指す。 ＊上記の通りではなくても，子どもの発言に本時の学習内容が反映されていればよい。	・この時間に学んだことを想起してもらう。 ・話し合って決めるというより，今日の学習をまとめる形でよい。 ・子どもたちと確認したことを，ポスターにして，教室に掲示する（書く子どもを募集する）。

【参考文献】
・ドン・ディンクマイヤー，ルイス・E・ローソンシー，柳平彬訳『勇気づけ　積極的な人間になるための秘訣』発心社，1983
・J. ネルセン，L. ロット，H. S. グレン，会沢信彦訳『クラス会議で子どもが変わる　アドラー心理学でポジティブ学級づくり』コスモス・ライブラリー，2000

心理的安全性の視点

　1時間目は，「何でも言い合える環境」の土台づくりであり，2時間目は「何でも言い合える環境」にアプローチするための具体的なスキルや態度を知る時間です。第2章でも触れましたが，エドモンドソン（野津訳，2021）は，心理的安全性を阻害する要因として，

---

① 「無知」だと思われる不安

② 「無能」だと思われる不安

③ 「邪魔する人」だと思われる不安

④ 「否定的な人」だと思われる不安

の4つをあげ，これらを対人リスクと呼びました[3]。つまり，心理的安全性を阻害する一番の要因は，人から否定的評価を受けることに対する不安なのです。石井（前掲）は，これらを「良かれと思って行動しても，罰を受けるかもしれない」リスクと言いました[4]。石井は，発言に対する否定的評価を，コミュニティや集団における「罰」と捉えたのです。

　教室にも同様の不安は存在することでしょう。それらの不安が，子どもたちの自由に言える雰囲気を阻害することは間違いありません。しかし，成長過程の子どもたちから構成される教室には，発言に至る以前の問題も存在します。まず，教室が安心して発言できる場でなくてはなりません。

　クラス会議の成立は，教室が安心して話し合える場であることが前提条件です。ですから，実際に発言したらどう思われるかというリスク以前に，まず，教室は安心して話すことができる場であることの合意が必要です。そのため2時間目の終わりには，みんなで安心して話し合いをするためのルールを子どもたちと確認します。

　しかし，何の知識もスキルもないままに「安心して話し合うために大切なことを確認しましょう」と言っても，恐らく一部の意識の高い子による「相手の話をよく聴く」「人が話をするときは静かに聴く」「教室で発言するとき

は，です，ます（丁寧語）で話す」など，これまで教室で受けた（見方によっては教師都合の）しつけを反映した意見が並ぶことになるかもしれません。子どもたちの「よく」聴くの「よく」の捉えは様々です。また，話し方については，「大きな声で話す」「はっきり話す」などの発表の仕方については指導されていても，相手を尊重しながら伝えるという視点ではあまり指導されていないのではないでしょうか。

　クラス会議では，静かに聴くとか，大きな声で話すといった形ではなく，何のために静かにするのか，何のために大きな声を出すのか，その目的を大事にします。人と人が共に生きるためのコミュニケーションの基盤に置かれるものは，思いやりです。2時間目の前半から半ばにかけて，思いやりをもって聴く，相手の感情に配慮して自分の気持ちを伝えるなどの，共感的に相手と関わるためのスキルを体験的に学びます。思いやりをもって聴き，思いやりをもって話すといったことは，大人の世界では常識でしょう。

　子どもの場合は，その常識をしっかりわきまえた子もいれば，未学習の子もいます。本プログラムの前段では，その常識の共有をねらっています。聴く，話す，のスキルの学習の後に，「責めない，罰しない態度」の必要性を知ります。これもその常識の共有の部分です。子どもたちのなかには，純粋な正義感をもっているが故に，不正やルール違反を許せず，そのような行為をした者に対して，正義の鉄槌を下すが如く，攻撃的に糾弾するようなもの言いをする子がいます。また，ときには「出ていけ！」「禁止！」などと罰を与えるようなことを言い出す子もいます。

　しかし，そうした手段は，解決につながらない現実を知ってもらいます。せっかくの善意が不適切な行動で表現されてしまっては，その子のよさが理解されないことでしょう。この構造は話し合いも同じです。問題解決の話し合いなのに，意見の対立から相手を責めることになってしまっては，話し合う意味がありません。そもそも，話し合いは何のためにするのでしょうか。それは，

合意形成をするため

です。話し合いは，責めたり罰したりする場ではなく，その目的は合意形成であり，問題を解決することであることを確認します。

　問題が起こったときに，人を「責める，罰する」雰囲気があると，建設的な問題解決をする雰囲気が生まれにくくなります。問題解決には，「なぜ，そうなったか」よりも「次はどうするか」という思考への速やかな転換が求められます。しかし，「責める，罰する」思考は，メンバーの関心を問題が起こった原因，つまり，過去に向けがちで，問題の解決という未来に関心が向きにくくなります。建設的な問題解決には，「起こったことは仕方ない，ではどうするか」というマインドが必要です。「責めない，罰しない」雰囲気が醸成されることによって，「助け合い」因子が強化されます。

　こうした，傾聴のスキル，相手の感情に配慮した自己主張スキル（アサーション），そして，責めない罰しない態度など，思いやりをもったコミュニケーションスキル，話し合いの目的を知り，それを共有したうえで，安心して話し合うために大事なことを確認するのが本プログラムの2時間目です。これらのことを，教師が教えることは勿論可能です。しかし，体験的に学び，実感することが大事なのです。安心して話し合える場をつくるのは，教師ではなく，子どもたち自身であるという自覚を育てます。

3 3時間目：異なる見方・考え方

✓ テーマ

いろいろな見方・考え方がある
─５匹の動物のアクティビティ─

🔍 ねらい

○「５匹の動物のアクティビティ」を通し，いろいろなものの見方・考え方
  があることに気づく。
○短所を長所として捉える活動を通し，物事の長所に注目していこうとする
  意欲を高める。

✏ 準備

○「ライオン」「かめ」「ワシ」「カメレオン」「くじら」の写真やイラスト
  （キャラクター化や協調をせず，実物に忠実なもの）
○リフレーミングのワークに使用する場面絵③
○５匹の動物のアクティビティ用のワークシート（Ａ３サイズ10枚程度）

５匹の動物の写真またはイラスト　　　　　　場面絵③

```
┌─────────────────────────────────────────────┐
│          5匹の動物のアクティビティ                │
│  ┌─────────────────────────────────────────┐  │
│  │ なぜ私たちは  ┌──────────┐ になりたいのか  │  │
│  │            └──────────┘              │  │
│  │                                       │  │
│  │                                       │  │
│  │                                       │  │
│  │                                       │  │
│  ├─────────────────────────────────────────┤  │
│  │      なぜ私たちはえらばなかったのか        │  │
│  ├──────┬──────┬──────┬──────┤  │
│  │      │      │      │      │  │
│  │      │      │      │      │  │
│  │      │      │      │      │  │
│  └──────┴──────┴──────┴──────┘  │
└─────────────────────────────────────────────┘
```

5匹の動物のアクティビティのワークシート

内容

○「Happy, Thank you, Nice」を発表する。

○5匹の動物のアクティビティに参加し，気づいたことを話し合う。

○例示された短所を長所として捉える。

○授業後に掲示するポスター

> 見方・考え方はひとつじゃないよ
> いろいろな見方・考え方をしてみ
> よう

○授業後に設置する議題箱と議題用紙（p.153参照）

📖 展開

●教師の働きかけ　○子どもの反応・行動	・留意点
●時間になるまでに，いすだけで輪になり着席しておくように伝えておく（この頃になると，指示なしでも場づくりをするかもしれません。そうしたら，その積極的な姿勢に喜び，すぐに活動ができることに感謝してください）。 1　話し合いのルールの確認 ●まず，前回決めた「話し合いのルール」を読みましょう。 ○教室に掲示された「話し合いのルール」を読み上げる。	
2　Happy, Thank you, Nice ●「Happy, Thank you, Nice」の発表をしましょう。	・想起する時間をとる。 ・教師から発表してもいいし，発言できる子どもから始めてもいい。
3　5匹の動物のアクティビティ	・「ライオン」「かめ」「ワ

●今日のクラス会議は，これからの私たちにとっ　　　　　シ」「カメレオン」「くじ
てとても大切な時間になるかもしれません。　　　　　ら」のイラスト（写真）

●これらの動物に1日だけなれるとしたら，どの　　　　を見せながら説明する。
動物になりたいですか。　　　　　　　　　　　　　・1つのグループが多くな

〇自分のなりたい動物を1つ選び，選んだ動物毎　　　　る（例えば7人を超え
にグループになる。　　　　　　　　　　　　　　　　る）ようであれば，その

●各グループにワークシートを1枚ずつ渡す。　　　　グループを分割する。最

●なぜその動物を選んだのか，その理由を渡した　　　　低1人でもかまわないが，
用紙の最初のところに全て書き出してください。　　　3～6人が適切。
その下には，なぜ他の動物を選ばなかったか，
その理由を全て書き出してください（ワークシ
ートのどこに何を書くか指し示しながら説明す
る）。

●意見は，順番に発表してください。発表された　　　　・作業のなかで全員が話し
意見は，全部シートに書いてください。　　　　　　　ているか見る。一部の子

〇意見を出しながら，なりたい動物を選んだ理由，　　　どもの意見で作業が進ん
その他の動物を選ばなかった理由を書く。　　　　　　でいるようなら，順番に
　　　　　　　　　　　　　　　　　　　　　　　　　発言することを確認する

●発表してください。　　　　　　　　　　　　　　　　など改善策を提案する。

〇グループの代表がワークシートの内容を読む。　　　・受容的な雰囲気をつくる
　　　　　　　　　　　　　　　　　　　　　　　　　ために教師も子どもも発

●発表が終わったところで，尋ねる。　　　　　　　　　言者に聴く態度を示すよ
「発表を聴いて思ったことや気づいたことはあ　　　　うにする。
りませんか」　　　　　　　　　　　　　　　　　　・子どもの意見が多様な見

〇自分がいいなと思った動物でも，人から見たら，　　　方，考え方の存在に触れ
よくないところもある。　　　　　　　　　　　　　　ていないときは，「もの

〇同じ動物でも，人によって見方が違う。　　　　　　の見方や考え方はひとつ

〇人はそれぞれ違う見方や考え方をしている。　　　　ではない」などと補足す

●同じものを見ていても，いろいろな見方や考え　　　　る。
方をしているということ，つまり，ものの見方　　　・なお，グループ活動が難
や考え方は一人一人違うってことですね。　　　　　　しい場合は，一斉指導で

	実施してもよい。
4 リフレーミング ●同じライオンでも，「怖い」「残酷」と見る人もいれば，「強い」「かっこいい」と見る人もいますね。みなさんがライオンだったら，どちらの見方をしてほしいですか。 ○強い。 ○かっこいい。 ●ライオンの場合，「怖い」というのは，「強い」と見ることができるわけですね。 ●みんなが自信をもてるようになるには，どうしたらいいでしょうか。 ○人のいいところを見る。 ○人をよく見ようとする。 ●人のいいところを見ることはとても大事ですね。さらに，一見，よくないと思われるところも，見方を変えて見ようとすることはさらに大事かもしれません。 ●では，今のことを生かして自信のないA美さんに，自信をつけてください。A美さんは，自分のことを「臆病で，暗くて，すぐ人の言いなりになる」と思っているそうです。 ○臆病なのではなくて，慎重。 ○暗いのではなくて，おとなしい。 ○すぐ人の言いなりになるのではなくて，素直。 ●そう言ってくれたらAさんも自信がもてそうですね。自分の悪いところだと思ったことも，見方を変えると実はいいところになります。物事をよく考えようとすることができるといいですね。	・子どものワークシートに実際に書かれた意見に基づき，問いかける。 ・場面絵③を示しながら「『臆病』を別の見方にはできませんか」「『暗い』について別の見方をしたらどうなりますか」「『すぐ人の言いなりになる』について別の見方をしたらどうなりますか」というように一つ一つ聞くと考えやすい。 ・子どもから出なかったら，教師が「こういう見方もできる」として，提示してもよい。 ・授業後にポスターを掲示

	する。
5　議題の募集 ●来週から，みんなから集めた議題を話し合います。みんなで話し合いたいこと，例えば，「困っていること」など相談したいことや「お楽しみ会の計画」などみんなで話し合いたいこと，何でもいいです。この用紙に書いて議題箱に入れてください。	・議題箱と議題提案用紙を示しながら話す。時間がないときは別の機会を用意する。 ・提案者の名前は公開することが前提であることを伝える。

【参考文献】
・ドン・ディンクマイヤー，ルイス・E・ローソンシー，柳平彬訳『勇気づけ　積極的な人間になるための秘訣』発心社，1983
・J. ネルセン，L. ロット，H. S. グレン，会沢信彦訳『クラス会議で子どもが変わる　アドラー心理学でポジティブ学級づくり』コスモス・ライブラリー，2000

心理的安全性の視点

　本プログラムの3時間目は，1時間目，2時間目のようなスキルや態度の学習と違って，見方，考え方の学習です。したがって，この1時間によって，子どもたちの姿がすぐに変化するというものではありません。しかし，私は，この時間で学ぶことは，私たちの人生にとってとても大切なことだと思っています。問題解決には，柔軟な発想，冗談のようなアイディアや仮説が壁を突破してくれることがあります。そうしたアイディアが生まれてくるためには，

> 常識や枠組みにとらわれないアイディアを喜ぶ姿勢

が必要です。石井の言う「新奇歓迎」因子です。

　学校というところはよくも悪くも，教科書に書かれていることが正解とされがちです。教師は，授業において様々な工夫をしていることは間違いないですが，教科指導には教科書という正解がある以上，どうしても，正解を探り，それを志向する授業になりがちです。こうした授業を繰り返していると，問題が起こるとどこかに正解があるのではないかと正解探しをするマインドが働きます。

　しかし，実際に子どもたちの生活上で起こる問題には正解などなく，そこに必要なのは最適解です。

> 最適解を探すために必要なことは，多様な見方に基づく検討

です。一見正しいと思われることに対して，プラス面から光を当ててメリットを探し，また，マイナス面から光を当ててデメリットを検討する慎重さも必要です。そうして，メリットとデメリットを比較して，アクションを決定する賢明さが解決に導くことでしょう。「ものの見方，考え方は一つではない」という学びは，「新奇歓迎」因子を強化するだけでなく，私たちの問題解決能力を力強く支えてくれます。

148

また，後半の「リフレーミング」の活動も，「新奇歓迎」因子を強化するときに欠かせません。心理学を勉強されている方は，一度は耳にしたことがあろうかと思いますが，「リフレーミング」とは，特定の状況や問題を新しい視点や視野から見ることを示す心理学やコミュニケーションの用語です。これは，「異なる角度から捉え直す」ことで，

> 問題の捉え方や解釈を変え，新たな理解や解決策を見つける

のに役立ちます。リフレーミングは，個人の思考や感情，行動をポジティブに変えるために役立ちます。

　大人と比べ柔軟な思考をする子どもたちとはいえ，やはり，思い込みや固定的な捉えというものはもっています。リフレーミングのスキルをもつことによって，問題解決が行き詰まったときに，その閉塞した状況に風穴を開けることができるでしょう。

　「ものの見方，考え方はひとつではない」という認識，そして「異なる角度から捉え直す」スキルは，子どもたちの生活の変化に即効性はありませんが，徐々に，異なる見方，新たな考え方をする，そしてそれを歓迎する雰囲気を醸成していきます。こうした認識やスキルは，問題解決に生かされるだけではありません。子どもたちの関係性にもポジティブな影響が期待できます。

　学校におけるクラスは，最低でも1年間はメンバーチェンジが行われません。近年は，学校の小規模化により，学年1学級の単学級の学校も少なくありません。そうした学校は，小学校への入学前から保育園や幼稚園で同じメンバーで過ごしてきていることがあります。場合によっては，中学校卒業までほとんどメンバーが変わらないということもあります。そうした学校の課題としてあげられるのが，人間関係の固定化です。

　知らず知らずにつくられていく「あの子は，こういう子」というような捉えは，互いをわかり合っていると言えなくもありませんが，それは本当に理解しているのでしょうか。固定的な見方は，多くの場合，人間関係にポジテ

ィブな影響を及ぼしません。固定的な見方は，いつしか個人を縛る鎖になり，息苦しさをつくってしまうと思われます。

　人は常に変わります。成長期の子どもは猶更です。この時間に学ぶ，

> 「ものの見方，考え方は一つではない」という認識，そして「異なる角度から捉え直す」スキルに基づく習慣は，互いの見方への固定化を緩和したり防いだりしてくれる

でしょう。

　習慣形成には，継続的な動機づけが必要です。この１時間を実施した後の教師の働きかけが大事です。普段から，教師が，他者と異なる考えを歓迎したり，また，誰も知らない他者の新たなよさを発見し意味づけたりしていくことで，異なる見方，考え方をする雰囲気がつくられていきます。

　最後に運用面について触れておきます。子どもの発達段階，実態，教師の進行の仕方によって，１単位時間では終わらない場合もあろうかと思います。クラスによっては，５匹の動物のアクティビティとリフレーミング，議題の募集を２時間に分けて実施したり，リフレーミングを隙間時間に実施したりすることがあります。

　本プログラムは一つの「ひな形」であり推奨の形なので，この順番でこの内容の通り実施しなくてはならないというものではありません。場合によって教師の語りで価値を伝えてもいいと思います。ただ，学習する価値のある内容なので，どこかで触れたいものです。

4 議題を集める

① 議題が集まらないとき

　子どもたちから集めた議題に基づいた問題解決に向けて，3時間目の終了時に議題の募集をします。

　「来週から，みんなから集めた議題を話し合います。みんなで話し合いたいこと，例えば，『困っていること』など相談したいことや『お楽しみ会の計画』などみんなで話し合いたいこと，何でもいいです。この用紙に書いて議題箱に入れてください」。こうした投げかけ（再掲）をして，議題を集めますが，クラスによっては，思うように集まらない場合もあります。

　特に，お悩み相談やクラスでのルール決めなどの経験値が少ない場合は，イメージがつかめないこともあるでしょう。クラス会議にはじめて取り組むクラスに関わらせていただく場合，やはり，議題が集まらないことがあります。そうしたとき，先生の個人的な悩みを議題にしてみることをお勧めしています。

（例）

　　・朝早く起きられなくて困っています。どうしたらいいですか。

　　・ダイエットをやっていますが，成果が出ません。どうしたらいいですか。

　　・仕事がたくさんあって，みんなともっと遊ぶ時間がほしいです。どうし
　　　たらいいですか？

など，こうした「楽しくかつ気軽」に話し合えるような議題が望ましいです。実際にやってみた先生方からは，子どもたちが「自分の議題に真剣に向き合ってくれてうれしかった」「いつもあまり意見を言わないあの子が，積極的に意見を言ってくれて驚いた」といった声が聞かれます。議題提案者でないと感じることができないようなことを先生方も体験でき，クラス会議のよさを感じるようです。

② 議題の表記

　議題がどのように表現されているかによって，話し合いのあり方が影響を受けることがあります。議題は，話し合い活動における学習課題として機能するからです。

　教科指導でも学習課題が明確な方が，学習活動が活性化するように，

> 議題も明確に表現することが，話し合いを活性化する

のです。したがって，お悩み相談の場合は「～するには，どうしたらいいか？」と解決策を行動で求める，「行動表記型」にすることをお勧めします。もちろん，議題によっては抽象的な表現になることはありますが，クラス会議の導入期は，議題はできるだけ明確にした方がいいです。子どもたちがクラス会議に慣れてくれば，抽象的な表記でも提案者の意を汲み取り，的確な解決策を考案するようになりますが，導入期は，ゴールがイメージしやすい方がいいです。行動表記の議題だと，解決策が行動で示されます。すると取り組みやすいので結果もわかりやすくなるわけです。

③ 議題提案のルール

　議題提案要旨を示します。議題提案に関してはいくつかルールを設けた方がいいでしょう。例えば，

> ・提案者の名前は必ず書く。
> ・個人名を書く場合は匿名（Aさんなど：イニシャルは NG，性別なども特定できないよう）にする。

などです。

　提案書に提案者の名前を明記するのは，自分の発信には，責任をもってほしいからです。無記名の方が，提案しやすい議題もあるという意見はわかりますが，人権問題などデリケートな問題は，直接教師に伝えてほしいと普段から言っておくことも大切な配慮です。無記名の発信は，疑心暗鬼を生むの

で，風通しのいい雰囲気づくりにはあまり貢献しないと考えています。

一方で，議題に出てくる個人名を匿名にするのは，クラス会議は，個人を責めたり罰したりする時間ではないからです。個人の名前があげられてしまうと，当該の人物を責めたくなる心情が生まれることがあります。子どもたちには，日頃から「クラス会議は，誰かを責めたり罰したりする時間ではなく，問題解決をするための時間である」ことを伝えてください。クラス会議は，集団の問題を解決し，誰かの悩みに寄り添い解決のための勇気を与える時間です。

右は，小学校高学年用の議題提案用紙のサンプルと議題箱です。用紙はクラスの実態に合わせて，文言や用紙の名前を調整

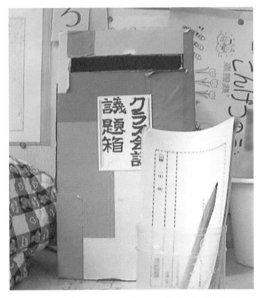

してください。議題箱は，子どもたちにお願いしてつくってもらうと愛着のあるすてきな箱ができることでしょう。

【参考文献】
・赤坂真二『赤坂版「クラス会議」完全マニュアル　人とつながって生きる子どもを育てる』ほんの森出版，2014

5 4時間目：問題解決の勇気をもつとき

☑ テーマ

効果的な問題解決を
―勇気づけとブレインストーミング―

🔍 ねらい

○悩みをもつ人の相談にのる活動を通して，やる気が出るような解決策を考えることの大切さに気づく。

○ブレインストーミングを通して，協力して問題解決をしようとする意欲をもつ。

✏ 準備

○クラス会議の内容を示した画用紙

【クラス会議の流れ】
①輪になる（開始前）
②あいさつ
③話し合いのルール
④ Happy, Thank you, Nice
⑤前回の解決策の振り返り
⑥議題の提案
⑦解決策を集める
⑧解決策を比べる
⑨解決策を決める
⑩先生の話
⑪あいさつ

○場面絵④—1

○場面絵④－2

○授業後に掲示するポスター

人がやる気になるのは
嬉しい気持ちになったとき
やる気の出る解決策を
考えよう

○ブレインストーミングの方法を書いた画用紙

①思いついたことは何でも言おう
②人の話は最後まで聴こう
③人の話はまず「いいね」と認め
　よう

○ノート書記用ノート

📑 内容

○クラス会議の役割について知る。

○「Happy, Thank you, Nice」を発表する。

○元気の出る解決策のアクティビティ

📌 留意点

○クラス会議は，子どもの手に委ねることによって，自分たちのクラスの課題により責任をもち，より積極的に関わるようになるでしょう。本書のプログラムは，6回目から子どもに進行を任せることを前提に考えられています。子どもに任せたいと思ったならば，子どもたちに進行の仕方を教えながら，今回の会議を進めてください。

○勿論，この6回目というのは目安です。教師の考えや子どもの実態に合わせて，子どもに委ねる時期を決めてください。小学校の低学年でも子どもに進行を任せているクラスもあれば，もっと発達段階が上の学年でも教師が進行しているクラスもあります。本書では，子どもに委ねた方が，より有効であるという立場をとっています。

📖 展開

●教師の働きかけ　○子どもの反応・行動	・留意点
○いすだけで輪になる。	・時間までに輪になっていることが望ましい。
1　内容の予告と役割分担 ●4回目のクラス会議を始めます。今日は，実際にある人のお悩みについて，その解決策を話し合いながら，問題の解決の仕方を練習します。	
●クラス会議の役割分担ですが，いつも，先生が司会をしたり，黒板を書いたりしていますね。クラス会議は，みなさんがよりよいクラスをつくる時間ですから，みなさんの手で進めるのがいいと思うのですが，いかがでしょうか（子どもの反応を見て，同意を得る）。	・子どもが自分たちで話し合いを進めることに戸惑っていたら「みなさんならきっと大丈夫ですよ」などと言って勇気づける。
●では，6回目のクラス会議から，司会や黒板，ノートに記録する仕事を皆さんにやっていただきたいと思います。困ったときは，みんなで助け合いましょう。	・6回目からにこだわらなくてよい。
●役割は，司会が1名，司会を助ける副司会が1名，黒板書記が2名いるといいですね。黒板の記録はノートに記録します。ノート書記が1名必要です。ノート書記は，今日からできるのでお願いします。今日は，私が司会と黒板書記を	・クラス会議の内容が書かれたものを示す。 ・ノート書記は，自分の席の前に机を置く。 ・ノートは，黒板の内容を

しますので，進め方をよく見ておいてください ね。 ●「クラス会議の内容」を見せながら話す。ノート書記にノートを渡す。	写す。保存できれば写真でもよい。したがってノート書記を設定しなくもよい。
2　話し合いのルール ●まず，みんなで話し合いのルールを読みましょう。 ○教室に掲示された話し合いのルールを読み上げる。	
3　Happy，Thank you，Nice ●「Happy，Thank you，Nice」の発表をしましょう。 ○輪番で「Happy，Thank you，Nice」を発表する。 ●クラス会議で解決策が話し合われた場合は，前回決めた解決方法がうまくいっているかどうかを振り返ります。次回からやりましょう。	・発表できる子が増えたり，表現の仕方がうまくなったりしたら，「たくさんの発表のおかげで，いい気分がいっぱいになるね，ありがとう」「うれしい」などの言葉で子どもの成長を認める。
4　元気の出る解決策のアクティビティ ●今日は，ある人のお悩み相談にのってもらいます。悩みを抱えているのはA治さんです。A治さんは，こんなことがありました（場面絵④―1を提示する）。 ●A治さんは，何回か国語の教科書を忘れることがあり，お隣のB香さんに見せて貰っていまし	・A3程度の紙で提示してもいいし，機器で映し出してもよい。 ・場面を教師が芝居をするようにして再現して，状

た。そんなある日，A治さんの忘れものに気づいたB香さんが，こう言いました。「また，忘れたんだ〜？　何してんの？　まったく！」。このとき，A治さんが最初に思うことやしたくなるのはどんなことですか。

○悲しくなる。

○落ち込む

○腹が立つ。

○言い返したくなる。

●さらにB香さんがこう言いました。「もう，見せてあげない」。

このとき，A治さんが最初に思うことやしたくなることはどんなことですか（場面絵④—2）。

○B香さんに悪口を言いたくなる。

○さらに落ち込む。

○自分はなんてダメなのだ，と思う。

○B香さんに嫌われた，と思い元気がなくなる。

●これらのことでA治さんの忘れ物がなくなると思う人は手を挙げてください（理由を聞く）。

○友達に嫌われるのが嫌だから。

○貸してもらえないのは困るから。

●なくならないと思う人は手を挙げてください（理由を聞く）。

○腹が立つから。

○落ち込んでしまうから。

●「何してんの？　まったく！」「もう見せてあげない」と責められたり，罰を与えられたりして行動を直しても，本当の解決にならないかもしれませんね。「よし，忘れ物を直そう！」というやる気が出てこないからです。

●誰かが失敗したりうまくいかなかったりしたと

況を捉えやすくする。

・一つ一つの意見を認め，受け止める。

・責めたり，罰したりされることで，行動を改めようとする人もいる一方で，そうすることは相手を傷つけるだけで問題の解決にはつながらないことも知らせる。

・「『何してんの？　まったく！』『もう，見せてあげない』と言われて，A治さんは，『もう忘れ物しないぞ！』という気になるでしょうか。それともならないでしょうか」

きに，それを責めたり罰を与えたりするクラスがいいですか？　それとも，みんなで解決策を考えたり助けたりするクラスがいいですか？

○みんなで解決策を考えたり助けたりするクラス。

●実は，Ａ治さんは忘れ物をなくしたいけどなくせないそうです。そこで，みなさんに相談をします。「忘れ物が多くて困っています。どうしたらいいですか」。

みんなの力でＡ治さんを助けてあげてほしいと思います。さて，あなたはＡ治さんにどんなアドバイスをしますか。

●困っている人が「なるほど」と思うようなアイディアは簡単には出てこないかもしれません，素晴らしいアイディアは，たくさんのアイディアから生まれるものです。だから，よいアイディアを出すためには，たくさんの意見が必要です。そこで，たくさんの意見を出す方法を紹介します。ブレインストーミングと言います。

●まず，思いついたことはどんどん言います。自分が「あまりよくない」と思っても，人から見たら素晴らしいアイディアかもしれません。それが誰かを助けることになるかもしれません。また，人の発言は最後までよく聴きましょう。発言の途中に話をされたり，おしゃべりされたりすると話す気がなくなり，意見が少なくなってしまいます。最後が一番大事です。どんな意見も，まずは，「いいね」「なるほど」と思って認めましょう。どの意見もクラスや仲間を思いやる大切な意見です。賛成意見や反対意見を言うのは後です。まずは，どんな意見も「いいね」と受け止めます。

・などと追加の質問をしてもよい。

・ポスターを提示しながら話す。

・誰かの相談にのるということをしたことがない子どももいるだろう。また，他者の悩み（特に本時のような仮想場面の場合）に関心がもてない子どももいることだろう。そのようなときには，「アドバイスがほしい」とか「助けてほしい」という具体的な依頼をすることで意欲を高めることができる。

・ブレインストーミングの方法を提示する。

・ブレインストーミングの方法を説明したら，少し考える時間をとり，意見を集める。

・出された意見は，全て黒

〈解決策の例〉

○手のひらに書いておく。

○前の日に道具を確認する。

○ランドセルやカバンに，忘れてはいけないものをメモしておく。

○朝，友だちに電話してもらう。

○朝，家族に確認してもらう。

●意見が出尽くしたところで，次のように言う。「忘れ物をしたときに，『また忘れたの？　ダメね』『もう見せてあげない』と言って人を責めたり，罰を与えたりするようなクラスよりも，みんなで忘れ物をしないためのアイディアを出し合って困っている人を助けるクラスの方が素敵ですね」

●クラス会議が目指しているクラスは，みんなで助け合うクラスなのです。

●クラス会議の話し合いは，議題に対してこうやっていろいろ解決策をできるだけあげる，「解決策を集める」ことをした後，出されたアイディアからよりよいアイディアを考える「解決策を比べる」という2つの段階があります。それは，この次に挑戦してみましょう。

●それにしても，こんなに人助けのアイディアを出せるみなさんは，本当に素敵だと思います。

板に書き出していく（板書の仕方は，p.196参照）。

・クラス会議を実施する意味や目指しているクラスの姿を語る。

・責めても罰しても，問題は解決しないことを再度確認する。

・「意見を比べる」活動について触れ，クラス会議の話し合いの全体について見通しがもてるようにする。

・子どもたちの努力を承認し，本時の活動に意欲的に取り組めたことを承認する。

【参考文献】
・ルドルフ・ドライカース，ビッキ・ソルツ，早川麻百合訳『勇気づけて躾ける　子どもを自立させる子育ての原理と方法』一光社，1993
・ドン・ディンクマイヤー，ルイス・E・ローソンシー，柳平彬訳『勇気づけ　積極的な人間になるための秘訣』発心社，1983
・J. ネルセン，L. ロット，H. S. グレン，会沢信彦訳『クラス会議で子どもが変わる　アドラー心理学でポジティブ学級づくり』コスモス・ライブラリー，2000

心理的安全性の視点

　クラス会議プログラムの導入部分は，石井の言う心理的安全性を構成する因子の「話しやすさ因子」を強化するスキルや態度を学ぶことを中心に構成されています。しかし，進行するにつれて，４因子全てを包含する形で展開されることがわかってくるでしょう。

　４時間目の学習は心理的安全性に包括的にアプローチしています。まず，ブレインストーミングのスキルは，心理的安全性の実現に極めて重要です。心理的安全性は，「何でも言える，言っていい」という信念がメンバーで共有されたときに実現するものです。ブレインストーミングは，心理的安全性を実現するための活動そのものだと言えます。本時で示した方法は，

①思いついたことは何でも言おう。
②人の話は最後まで聴こう。
③人の話はまず「いいね」と認めよう。

の３つです。本プログラムでは，子どもに提示するときは，「ルール」とは言わず，「方法」と表現していますが，実際にはルールとして機能させます。私はときには，「コツ」と言ったり「ポイント」と言ったりしています。心理的安全性のスタートは，まず，「何を言っても大丈夫」という信念の共有が大事です。個人が，思いついたことを何でも言おうという構えが不可欠です。

しかし，教室は特にそうかもしれませんが，日本のコミュニティの場合，空気を読み合う風土があります。したがって，個人の構え以上に，どんな意見も歓迎するという周囲の構えが大事になります。どんな意見もウェルカムという「多様性歓迎」の風土が必要です。「多様性歓迎」の風土が成長すると「新奇歓迎」の風土につながっていくと考えられます。そのためには，人の話を最後まで聴く，人の話はまず「いいね」「なるほど」と肯定的に受け止めるスキルや態度が求められるわけです。

　ブレインストーミングの３つのルールは，意見を言う側と受け止める側の両方に，「何を言っても大丈夫」という状態をつくるための素地をつくります。ただ，ルールとして提示しているだけでは，心理的安全性が実現された状態とは言えません。子どもたちが，それを習慣としたときに，クラスの雰囲気が変わります。

　習慣形成のためには，教師が折に触れて，その重要性を伝え，望ましい姿をフィードバックして意味づけて承認するような地道な働きかけが必要となります。決して数日で身につくものではないと心得た方がいいです。教師が何も言わなくても，教科指導の時間でも生活場面でも話し合いの場面になると，子どもたちが互いの顔が見えるように着席して，順番に発言し，どんな意見が出ても「なるほど」と歓迎するようになるまで働きかけを続けます。どんな意見も，興味をもたれ，おもしろがり，尊重される。そんな環境から，真に質の高いアイディアが生まれるのです。

　私が多くの教室で授業を拝見して思うのは，このブレインストーミングの技能が未熟なクラスが意外と多いことです。合意形成を伴う話し合いには，主に以下の３つの過程があります。

①意見の発散
②意見の収束
③決定（合意）

　クラス会議では，これを「解決策を集める」「解決策を比べる」「解決策を

決める」と呼んでいます。発散場面での意見が少ないと，収束のしようがありません。質の高い収束をするためには，多くの意見が必要なのです。教室での指導を見ていると，質の高い意見を求めるあまり，発散の段階で，教師も子どもも良し悪しをジャッジしてしまって，意見の総量を減らしてしまっているような姿が見られます。

　答えが決まっている問題解決の場合，つまり，教科書にある答え（正解）を探るような学習の場合は，あまり意見を発散すると収拾がつかなくなるので，発散を絞ろうとすることは理解できないでもありません。しかし，答えのない問いに対する最適解を探すときは，発散の豊かさがとても大事になってきます。また，彼らのこれからの人生を考えたときに，問題解決の場面であらゆる可能性を検討できる力はとても必要だと思われます。

　「意見の発散」と「意見の収束」と決定は，山の高さに似ています。富士山はなぜ，あの高さを誇ることができるかというと，裾野がとんでもなく広いからです。裾野を広げないとあの高さは生み出せないのです。同じように，質の高い決定は，膨大な発散による意見に支えられているのです。

　後半の元気の出る解決策のアクティビティは，「助け合い」因子を強化します。「困ったときはお互い様」の精神の共有です。これまでの学校教育は，「自分のことは自分でする」力を自立として捉えていたのではないでしょうか。わたしたちの国では，伝統的に「人様に迷惑をかけない」ということが美徳とされてきました。それが，自分の問題は自分で解決するという文化を形づくってきたのではないでしょうか。学校教育でも，自分のことは自分でするという躾がなされてきたと思います。

　しかし，情報社会，グローバル社会で個人が扱う情報量は，以前とは比べものにならないくらい増えました。また，社会の流動化，多様化によって，先が見えない，予測が難しい状況となりました。個人の置かれた状況は複雑化して，それだけ個人が向き合う課題も高度化しています。一人では解決できないような問題が，次々と起こる状況です。そうして他者との協働や助け合いがより求められる状況にもかかわらず，社会は，個人主義が進行し，人

間関係が希薄化していると言われています。子どもたちの関係性も同様で，個別化が進んでいる状況です。

　心理的安全性を阻害するリスクは，全てが対人リスクです。心理的安全性を脅かすのは，他者なのです。しかし，リスクの元である他者が，支援者になったらこれほど心強いことはありません。心理的安全性を高めるには，周囲の人と「困ったときはお互い様」という関係をつくることが大事です。クラス会議では，クラス全員に関わる課題も話し合いますが，個人の悩み相談も積極的に扱います。自分の個人的な悩みに，クラスのメンバーが親身になって関わる体験は，子どもたちにとって安心感を高める時間となることでしょう。

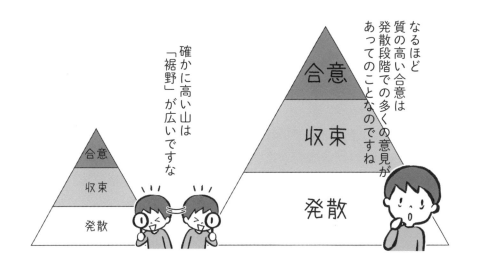

6　5時間目：問題解決を始める

☑ テーマ

さあ本番クラス会議

―勇気づけ合うクラスを目指して―

🔍 ねらい

○これまで学んだ価値（知識），スキルや態度を活用して，実際のクラスの
　問題や仲間の悩みなどを解決することを通して，お互いを認め合い，他者
　に貢献しようとする意欲と態度を育てる。

✏ 準備

○議題

○授業後に掲示する「決まったこと」を記載する用紙

○司会マニュアル（p.182参照）

○黒板書記用「黒板の書き方」マニュアル（p.196参照）

📝 内容

○「Happy，Thank you，Nice」を発表する。

○流れに沿って問題を解決する。

📖 展開

　子どもたちから議題が出ていれば，子どもたちから出された議題を話し合
います。子どもたちから議題が出なければ，教師が自分の悩みや相談ごとを
議題として提案してもよいです（p.151「議題を集める」参照）。ここには，
サンプルとしての議題をあげます。

●教師の働きかけ　○子どもの反応・行動	・留意点
1　輪になる ○輪になる。	・時間までに輪になっていることが望ましい。
2　あいさつ ●5回目のクラス会議を始めます。よろしくお願いします。次回からみなさんに進行をやっていただきたいと思っています。進め方は前回のこれに示した通りです。	【クラス会議の流れ】 ①輪になる（開始前） ②あいさつ ③話し合いのルール ④ Happy, Thank you, Nice ⑤前回の解決策の振り返り ⑥議題の提案 ⑦解決策を集める ⑧解決策を比べる ⑨解決策を決める ⑩先生の話 ⑪あいさつ
●クラス会議の流れ（前回使用，右図参照）を示しながら話す。	・前回示した流れを提示する。
3　話し合いのルール ●「話し合いのルール」をみんなで読みましょう。 ○教室に掲示された話し合いのルールを読み上げる。	
4　Happy, Thank you, Nice ●「Happy, Thank you, Nice」の発表をしましょう。 ○座った順番に，発表する。 ○言えないときはパスをする。	
5　前回の解決策の振り返り ●次は，前回の解決方法の振り返りです。前回はA治さんの忘れ物の問題でした。本来なら，A	

治さんに解決したかどうか聞きます。もし，ク
ラス全体に関わる議題ならば，みんなに解決策
がうまくいっているかどうか聞きます。うまく
いっていれば今日の議題に入ります。うまくい
かなければ，ここで新しい解決策を話し合うこ
とができます。次回からやっていきましょう。

6　議題の提案
●では，今日の議題です。
　（議題例）〇〇さんからの議題で，「鬼ごっこで，
　自分ばかりがねらわれて，困っている」です。
　提案の理由は「一緒に遊んでくれるのは嬉しい
　けど，自分だけ疲れてしまうから」です。
●話し合いに入る前に，解決したかどうか議題を
　出した人に聞きます。〇〇さん，この問題は，
　解決しましたか。
○解決した。→次の議題
○まだ，解決していない。→質問
●〇〇さん，この議題を話し合いますか？
○はい。→話し合い
○いいえ。→次の議題
●〇〇さんに質問のある人はいませんか？
●「〇〇さんは，どうなってほしいですか」など
　と尋ね，議題提案者の願いを明らかにする。
○鬼ごっこで自分ばかりねらわれないようにして
　ほしい。
●〇〇さんは，この問題が解決するためにみんな
　からアドバイスが欲しいですか？　それともル
　ールを決めてほしいですか？
○アドバイスが欲しい。

・ここに示す議題と話し合
　いは一例である。実際は
　提案された議題を話し合
　う。
・議題のなかにはクラス会
　議までに解決しているも
　のもある。その場合は，
　次の議題を取りあげる。
・質問を受け付けて状況を
　明らかにする，同じ立場
　になったことがある人か
　ら気持ちを語ってもらう，
　問題場面のロールプレイ
　をするなどして議題の共
　有を図る。

・議題の共有が進むなかで，提案者は自分の悩みの本質に気づくことがあるかもしれない。教師は適宜介入しながら個人の議題か，全体の議題か整理する。
・アドバイスの経験値が少ない場合は，子どもはよくわからないままにルールを決めることを希望することがある。そういうときは，アドバイスの時間にすることがふさわしいことを伝える。
・提案者がルールを決めることを希望する場合は，ルールが必要かどうか全員に問う。
・ルールを希望する者が少数の場合は，本時ではアドバイスをすることを伝える。それでも解決しないときは，再度議題の相談を提案する。
・個人の議題として提案されても，同様の問題意識をもつ者が多い場合は，クラスの議題になることもある。

●では，今日の議題は「鬼ごっこで，自分ばかりねらわれないようにするにはどうしたらいいか」です。 ●今日のクラス会議は，○○さんにアドバイスをし，最後に決めるのは○○さんでいいですね。	・議題が，個人の課題なのか，クラス全体の課題なのか，最終決定者はだれなのか確認する。

・議題を確定するときは，「どうしたらいいか」などの行動表記型にするなどして明確にする。
・個人の議題の場合は，最終決定者は議題提案者。クラス全体の議題の場合は，多数決などで決めることになる。

7　解決策を集める ●それでは，解決策を集めます。解決策を話し合うときは，最初にブレインストーミングでしたね。3つの約束を思い出してください。 ❶思いついたことは何でも言おう ❷人の話は最後まで聴こう ❸人の話はまず「いいね」と認めよう ●意見が出せるように，意見を聞く前に「作戦タイム」をとります。近くの人（グループ，ペア）と相談してみましょう。また，意見を言うかどうか迷っている人には，言えるように応	・「ブレインストーミングの方法」の掲示物（p.156）を示しながら話す。 ・このときに，近くの人とおしゃべり感覚でアイディアを出し合うようにすると議題の共有化が進む

援してあげてください。

●解決策を考えましょう。
〈例〉
　○始める前に自分ばかりねらわないようにお願いする。（①）
　○続けて鬼になったら，2回連続だよと遊んでいる人たちに伝える。（②）
　○がんばって逃げる。（③）
　○自分ばかりねらわれていたら，鬼ごっこから抜ける。（④）
　○別な遊びを提案する。（⑤）

・パスが多い場合は，再度「作戦タイム」をとる。
・出された意見には番号をつけると「解決策を比べる」場面で話しやすくなる。

8　解決策を比べる
●次に，出された解決策を比べて，議題を解決するためによりよい解決策を探したいと思います。よい解決策とは，まず，「それをやったら問題が解決すること」，そして，「その方法がすぐにできること」です。いくらよさそうな解決策でも，できないものでは解決しませんからね。今日の場合は，最後に決めるのは〇〇さんなので，〇〇さんがよりよいアイディアを選びやすくしてほしいと思います。
●アイディアの比べ方です。
　・そのアイディアを実行したらどうなるか予想してみましょう。
　・そのアイディアを実行すると解決しそうだったら，それを「賛成意見」として発表します。

と同時に，意見の量が増えることが期待できる。
・人数にもよるが，解決策の提案は，輪番で一周が目安。
・一周して，意見が少ない場合や時間がある場合は，意見のある子にトーキングスティックを渡して発言してもらう。

・よりよい解決策を選ぶ視点は，
　①問題解決に効果的か
　②容易に実行できそうか
であることを知らせる。

・感情的な対立を回避するために，反対意見には，「反対」という言葉を使用せず，「心配」という言葉を使用する。

（例）～をすると，～だからすぐできそうだから，賛成。

・そのアイディアを実行すると，心配なことが起こりそうだったら，それを「心配意見」として発表してください。

（例）～すると，～かもしれないから，心配。

●また，それぞれの意見に質問があったらしてください。では，○○さんの問題が解決するように，みなさんの知恵を貸してください。

〈例〉

○①が心配です。始める前に「私をねらわないで」とは言いにくいからです。

○②に賛成です。いやなことや辛いことは伝えたら，わかってもらえるかもしれないからです。

○③が心配です。○○さんは，逃げるのが辛くて相談したのだと思います。だから，○○さんは，楽しくないと思います。

○④が心配です。鬼になって抜けてしまったら，自分勝手だと思われるかもしれないから心配です。

○④に賛成です。何も言わないで抜けたら自分勝手だと思われるかも知れないけど，「疲れたから抜けるね」と言えば，みんなわかってくれると思います。

○⑤が心配です。鬼ごっこをやりたい人たちが集まっているのだから，違う遊びを提案しにくいと思います。

○だったら，他の遊びのグループに入ればいいと思います。

●では，それは新しい意見として⑥とします。

・考える時間をとる。ペアやグループ，席の近くの子とおしゃべり感覚でアイディアを出し合う。・時間のある限り，全ての意見に賛成意見，心配意見が出されるように促し，未検討の意見が出ないようにする。

・一周したらさらに意見を言いたい子に意見を言ってもらう。

・話し合いの過程で新しい意見が出た場合は，番号

	を付加する。
9　解決策を決める ●それでは，議題提案者の○○さん，このなかで　やってみたい解決策はありますか。 ○（議題提案者）②です。続けて鬼になって辛い　ときは，みんなに伝えてみようと思います。 ●○○さんの問題が解決するように，激励の拍手　を送りましょう。	・今回は個人の議題なので　議題の提案者にやってみ　たい解決策を決めてもら　う。
・時間があれば「では，○○さん，実際にどんな風にやればいいかやってみましょう」と声をかけロールプレイをしてみると効果的である。	
●ノート書記さん，今日の議題と決まったことの　発表をしてください。 ○今日の議題は，「鬼ごっこで，自分ばかりがね　らわれないようにするにはどうしたらいいか」　でした。決まったことは「連続で鬼になってい　ることをみんなに伝える」です。	
10　先生のお話 ●今日は，○○さんのお悩みを解決しようとして　いたことがとっても素敵でした。また，パスを　した人も，作戦タイムでの話し合いはとっても　一生懸命やっていました。みなさん，○○さん　が次に鬼ごっこをするときに，今日話し合った　ことがうまくいくように応援しましょう。	・教師の話では，子どもた　ちの努力をフィードバッ　クするようにして，実践　への意欲を高めるように　する。

【参考文献】

・ルドルフ・ドライカース，ビッキ・ソルツ，早川麻百合訳『勇気づけて躾ける　子どもを自立させる子育ての原理と方法』一光社，1993

・J. ネルセン，L. ロット，H. S. グレン，会沢信彦訳『クラス会議で子どもが変わる　アドラー心理学でポジティブ学級づくり』コスモス・ライブラリー，2000

心理的安全性の視点

　この展開は，石井（前掲）の言う日本版「チームの心理的安全性」の４因子[5]を強化するように構成されていることがわかります。

　「何を言っても大丈夫」という信念である「話しやすさ」因子は，輪番，トーキングスティックによる発言システムがその基盤となります。そのシステムを実際の問題解決に活用する場が，ブレインストーミングです。輪番発言のシステムは，一人一人の話す権利を保障します。しかし，同時にそれは，話すことが苦手な子にはプレッシャーとなることもあるので，パスをしてもいいこと，そして，トーキングスティックをもっているときは，必ずその子の話を聴くというルール設定によって，そのストレスを緩和します。

　必ず話す番が回ってくる一方で，傾聴されるという体験は，話そうという意欲を引き出すことでしょう。また，ブレインストーミングの体験によって，子どもたちは自由に意見を出すことや，意見がどんどん広がっていく楽しさを味わえることでしょう。どんな意見でも，傾聴され「いいね」という態度で承認されることで，子どもたちは，この空間では何を言っても大丈夫だと認識することでしょう。

　また，クラス会議の特徴の一つである，個人議題に関する話し合いは，「助け合い」因子を強化します。自分の問題に対して，クラスメイトが親身になってその解決をしようとする時間は，子どもたちにとって，他者に感謝し，そして自分も誰かの問題解決に貢献しようとする意欲を高めるはずです。子どもたちが他者に関心がないとか冷たいと指摘されることがありますが，それは誰かを思いやる場がないのかもしれません。クラス会議を実際にやってみるとわかります。子どもたちはとても思いやりがあって，誰かのために一肌脱ぎたいと思っているでしょう。子どもが優しくないと感じたら，あなたの教室に助け合う場や時間が足りないのかもしれません。

　前回の解決策の振り返りによる，再チャレンジのシステムは，「とりあえずやってみよう」という信念に支えられる「挑戦」因子を強化します。クラ

ス会議では，正解ではなく最適解を探します。何か問題があったら，いいと思われることは次々にやってみようとする姿勢で問題解決に臨みます。ホームランよりも小さなヒットを積み重ねて，勝利を目指すようなイメージです。「悩みというものは，行動していない人の言い訳」だと言った人がいます。うまいことを言うものだと思います。教師の指導によって事態を改善するのではなく，未完成でもいいと思われることはまずは試してみて，挑戦を繰り返すうちに問題解決をするという成功体験によって子どもたちは，個人として，また集団としての自信をつけていくことでしょう。

　クラス会議では，ブレインストーミングの活動に象徴されるように，大勢による多様な意見の創出を基盤に問題解決にあたります。子どもたちは議題に対して，「ああでもない」「こうでもない」と多様なアイディアを出していくうちに，一見，的外れかと思うような意見が問題の解決につながる体験をします。例えば，私が小学校で担任したクラスでは，「女子を中心にこそこそ話がある，嫌な感じがするからやめてほしい」という議題があがりました。最初は，個人議題でしたが，賛同者が多く，クラスのルールを決めることになりました。

　最初は，注意するとか一人一人が気をつけるといった，他者を責めたり個人の心がけに帰したりするものが多く出ましたが，子どもたちの表情は冴えませんでした。彼らはそれが解決につながらないことを知っていたからです。しかし，ある子が，ある意見を言ったときに，子どもたちの表情がパッと明るくなりました。その意見とは，「普段から大きな声で話す」というものでした。「その手があったか」と男子数名が立ち上がったほどでした。女子も安心したような表情をしました。

　大人はなかなかこれを発想しないことでしょう。担任である私も思いつきませんでした。こそこそ話に対するネガティブな認知にとらわれていて，他罰的な解決策を志向していました。しかし，子どもにしてみると，けっして悪意があったわけではなく，他の行動パターンを知らなかったという子もいたわけです。圧倒的多数でこのアイディアは支持され，決定されました。こ

174

れ以降，こそこそ話の問題は，聞かれなくなりました。

　一見荒唐無稽なアイディアが，問題解決に対して有力な選択肢であること
を子どもたちは体験的に学んでいきます。話し合いをする度に子どもたちは，
「おもしろいアイディアどんどん出てこい！」という認識をもち，「新奇歓迎
因子」を強化していきます。

　クラス会議はこのようにして，流れ全体のなかで，「話しやすさ因子」「助
け合い因子」「挑戦因子」「新奇歓迎因子」を強め，教室の心理的安全性を保
障します。

7 隙間時間のクラス会議

　ここまで学級活動の一単位時間で実施することを想定したクラス会議の進め方について述べてきました。学校の時程を変更してクラス会議を実施する時間を確保している学校もありますが，多くの学校はそこまでしないと思います。そもそも学校体制や学年体制で実施するというよりも，各学級担任が個別に実施する場合がほとんどではないでしょうか。学級活動やホームルームの時間はあっても，クラス会議や学級会のような生活上の諸問題を話し合うような時間を確保することは実際には難しい状況でしょう。

　それでもクラス会議を実施したいと願う方にお勧めなのが，短縮型のクラス会議です。朝の会や帰りの会，授業の開始数分，または授業が終わってからの数分など，「隙間の時間」に実施するクラス会議です。

　活用の仕方は様々です。

①　急を要する問題が起こったとき

　緊急の問題が起こったときなど，子どもたちに「予定にはなかったんだけど急いでみんなの意見を聞きたいことがあるのですが，少し時間をもらっていいですか」と教師からもちかけます。また，児童会や生徒会から降りてきた議題を急いで話し合わなくてはならない場合に，教師や学級委員や代表委員のような代表の子どもたちから提案されることもあるでしょう。

②　議題が溜まっているとき

　クラス会議が機能し始めると議題が数多く集まるようになり，ときには，通常のクラス会議では処理しきれない事態になる場合があります。そのようなときには，「みなさん，クラス会議の議題がとても多く出されています。いつものクラス会議では，全ての議題を話し合うことが難しくなってきました。そこで，いつもより短い時間でクラス会議をしようと思いますが，よろしいですか」と事情を説明し，承諾を得て，投げかけるといいでしょう。

③　通常のクラス会議が延長されるとき

　本書のクラス会議は一単位時間で決めることを原則にしています。それは，議論が尽くされなくても，「まずはやってみよう」という姿勢を育てたいからです。しかし，ときには，子どもたちが話し合いの収束よりも継続を望むような場合があります。無理に決めることによって感情的な対立が起こること，子どもたちの納得感があまり得られないことが予期される場合は，無理に決めるのではなく「まだみんな話し合いたそうですが，この後どうしますか」と投げかけてみるのもいいかもしれません。

　「話し合いたい」と子どもたちの多くが望んだら，ショートのクラス会議を提案してみたらいかがでしょうか。もちろん，「来週話したい」と言ったらそれは次週のクラス会議の時間に話し合ってもいいでしょう。

　こうした隙間時間のクラス会議を実施しているクラスは，「臨時クラス会議」「ちょこっとクラス会議」「とっさのクラス会議」などと呼んでいるようです。

　隙間の時間にクラス会議を開く場合は，本来の時間ではないときに行うわけですから，手短に済ませることが大切です。そこで，定例のクラス会議の「議題の提案」と「問題解決」の部分だけをやります。座席は，通常のまま実施するか，移動をする場合でも，せいぜい教室の中央に机を向ける程度にします。発言も輪番ではなく挙手によって求めます。司会や書記も時間短縮の意味からも，教師がやるのが望ましいのではないでしょうか。

　時間をかけないことによって「提案者の訴えを軽視した」と受け取られないように配慮しましょう。子どもによっては，「○○さんの議題は，長い時間をかけたのに，自分のは短かった」と不満をもつこともあるかもしれません。本来の時間でないときに話し合うということは，それだけその訴えを大切にしていることをわかってもらいましょう。表3－1，表3－2に流れを示します。設定できる時間や話し合いの内容によって Short Version または Very Short Version を選びます。例えば，個人の悩みの場合は，Very

Short Version でいくつかの解決策が出されたら，議題提案者が解決策を選択することで終了となります。慣れてくれば5〜7分くらいで実施できるでしょう。

【参考文献】
・野田俊作，萩昌子『学校に生かすアドラー心理学　クラスはよみがえる』創元社，1989

表3－1　クラス会議　Short Version の流れ

> クラス会議　Short　Version
> ①議題の提案
> ②解決策を集める
> ③解決方法を比べる
> ④決定

表3－2　クラス会議　Very Short Version の流れ

> クラス会議　Very Short Version
> ①議題の提案
> ②解決方法を集める
> ③解決法の選択

8　カフェ形式

　本プログラムは，輪番による発言システムを採用しています。このプログラムをつくったときのモデルとしているのは，私が小学校で最後に担任したクラスで，通級指導の子どもを含めて37名のクラスです。開発に関わった研究協力者のクラスは32名でした。したがって，30名を超える人数のクラスでも十分に機能するようにできています。しかし，話し合いのイメージや話し合いに期待するものはそれぞれの教師で異なることでしょう。

　本プログラムの通りにやると子どもたち一人一人の発話量が足りない，他者の発言を待っている時間が多いのでは，と思う方もいることでしょう。それでもクラス会議に何かを期待し，やってみようという方にお勧めなのが，「カフェ形式」のクラス会議です。

ほとんどの流れは通常のクラス会議と同じ流れですが,「解決策を集める」際に, グループディスカッションが入ります。

　グループのつくり方はいろいろですので, 基本的には実践者にお任せですが, サンプルを示します。

①輪になるときに, グループ（生活班）毎に近くに着席し, グループディスカッションになったら, グループ毎にいすに囲まれたスペース内に集まり腰を下ろす。またはいすを移動し小さなサークルをつくる。

②輪になるときは, ランダムに着席し, 解決策を集める場面になったら, 3〜4人のグループを編成し腰を下ろす。またはいすを移動し小さなサークルをつくる。

　グループは①の場合でも②の場合でも3〜4人が適切です。5人を超えると小グループ内でも1人当たりの発話が減るからです。グループディスカッションでは, 話し合うときにホワイトボードなどの意見を記録するための道

【クラス・カフェ】
①輪になる（開始前）
②あいさつ
③話し合いのルール
④Happy, Thank you, Nice
⑤前回の解決策の振り返り
⑥議題の提案
ーここまで同じー
⑦解決策を集める
　　グループ発散
　　グループ収束
⑧解決策を比べる
⑨解決策を決める
⑩先生の話
⑪あいさつ

図3−1 「クラス・カフェ」の流れ

具があると，意見が「見える化」されて話し合いが促進されます。

　ディスカッションの進め方は，全体で話し合うときとほぼ同じです。まず，意見を出し合う発散の活動をします。ブレインストーミングのルールに則って，多くの意見を集めます。次に，意見を比べて収束を図ります。このとき，各意見に対して賛成，心配の意見を交わし合い，時間までにグループの意見をまとめます。どうしても決まらないときは，複数でも認めます。1つに決まらないというのもそのグループの意思の表れです。グループディスカッションの時間は，臨機応変に認定していただきたいと思いますが，7〜10分は確保できるのではないでしょうか。流れを表3-3に示します。

表3-3　グループディスカッションの方法

【グループディスカッションの方法】
①ブレインストーミングで2〜3周する
②出た意見を全てホワイトボード等に書き出す
③出た意見に対して賛成意見，心配意見を交わす
④意見をまとめる
⑤まとめた意見を発表する

　発散から収束にいつ切り替えるかは，議題やクラスの実態によります。導入段階の場合は，タイマーか何かで合図し，合図があったら，発散をやめて収束に入るのがよいでしょう。しかし，話し合いに慣れたら，自分たちで時計を見て，「そろそろ時間だからまとめよう」と声をかけ合うような姿を期待したいです。

　グループでまとまった意見は，短冊か何かに書いてもらい黒板に掲示します。そこには，「〇班の意見」としてではなく，大勢のなかから出された一意見として，通常のクラス会議と同じように意見に番号を振ります。なぜそうするかというと，そのあとで，全員で各班の意見を比べ，最適解を検討す

る際に，「○班の意見」とすると，自分の班の意見を支持しなくてはならないような空気が生まれてしまうからです。班で話したときは，それがいいと思っていたけど，他の班の意見を聞いていたら意見が変わることもあるわけです。子どもたちには，「どの班の意見が優れているか」ではなく，「どの意見が問題解決に最も有効か」を考えるように常に促してください。

　全体での「解決策を比べる」活動の場面で，他の班の意見のよさに注目したり，自分たちの班の意見の心配に気づいたりするような客観的な姿勢を示す子どもがいたら，積極的にその意義を認めるようにしてください。

　カフェ形式は，クラス全体の議題やより多くの意見を求めるときに向いています。

　　○お楽しみ会の内容を決める

　　○クラスのシンボルキャラクターを決める

　　○合唱コンクールに向かってもっと協力し合うために，みんなでやったら
　　　いいこと

などです。

　ホワイトボードに書くことにおいては，小学校4年生以上ならば，あまり練習を要しませんが，心配な場合は練習をしておくといいでしょう。ホワイトボードの書き方の例を示します。

　　①思いついたらなんでも書く。

　　②中央から自分に向かって放射線状に書く。

　　③似た意見は近くに書く。

　　④関連したものは線でつなぐ。

　　⑤あまり形にこだわらずに基本自由に書く。

　「自由に書いてごらん」という指示では，発達段階によっては戸惑うので，ある程度の基本的な使い方を教えておいた方がいいでしょう。しかし，ホワイトボードをきれいに書くことを求めると，そこに意識が集中し，話し合いが二の次になってしまうことがありますから，ゆるい教示でいいでしょう。

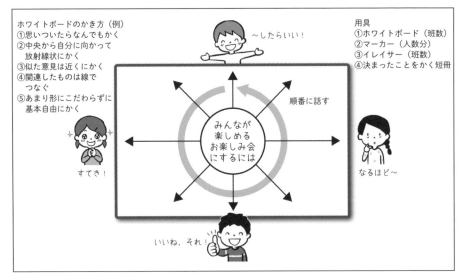

ホワイトボードのかき方（例）
①思いついたらなんでもかく
②中央から自分に向かって
　放射線状にかく
③似た意見は近くにかく
④関連したものは線で
　つなぐ
⑤あまり形にこだわらずに
　基本自由にかく

〜したらいい！

順番に話す

みんなが
楽しめる
お楽しみ会
にするには

すてき！

なるほど〜

いいね，それ！

用具
①ホワイトボード（班数）
②マーカー（人数分）
③イレイサー（班数）
④決まったことをかく短冊

図３－２　ホワイトボードのかき方と用具

【参考文献】
・赤坂真二『クラス会議入門』明治図書，2015

9　司会マニュアル

　子どもたちに進行を委ねるときに，子どもたちの不安はその進め方ではないでしょうか。そこで，学級会活動などでは司会マニュアルのようなものが作成される場合がありました。クラス会議でも，話し合いの導入期には，司会マニュアルのようなものがあった方が，取り組みやすいようです。子どもたちが話し合いの流れやコツをつかんでくれば，マニュアルは参考程度にしか見なくなりますし，場合によってはマニュアルを超える効果的な進行をする子どもたちも現れることがあります。

　さて，マニュアルの形ですが，かつては巻物やノートやシートに書かれたものを司会，副司会が見ながら進行するスタイルがとられることが多かったように思います。つまり，マニュアルを知っているのは司会団だけというス

タイルです。しかし，近年は，大型テレビが各教室に配備されることも多く，私たちの研究室では，大きな画面にマニュアルを映し出し，全員で共有するスタイルで行っています。

　そうすると，クラス会議を実施するたびに全員がそのマニュアルに触れるので，司会経験者だけでなく，未経験者も進行について学習でき，いつ司会になっても大きなストレスなく司会ができるという現象が観察されています。また，クラス会議の場面でなくても，部活動や委員会や教科指導の時間で，発散，収束の流れを自然にやってしまうようなことが起こります。

　協働的な学びの時代には，話し合いの進め方の型を知っておくことは，様々な場面でメリットがあります。そこで，本書では，院生チームや私が飛び込み授業等で使用しているスライドに，はじめての方，はじめてのクラスでも取り組みやすいように補足したものを掲載します。参考にしていただければと思います。以下は，本プログラムの5時間目以降に使用されるスライド形式の司会マニュアルです。

①スライド1　クラス会議の前に

1　　　　　　　　クラス会議の前に

○司会のお仕事は，クラス会議を進めることです。
　いつもみんなの方を見て，話し合いを進めてください。
○副司会のお仕事は司会を助けることとタイムキーパーをすることです。
　また，黒板書記がみんなの意見を聞き逃して困っていたら教えてあげてください。
○司会さん，副司会さん，この時間をあなたたちに任せます。
　もし，進め方がわからなくなっていたらみんなに聞いてみましょう。
　きっとみんなが相談にのってくれますよ。
○セリフは「例」なので，言いやすいように言ってください。

このスライドでは，それぞれの役割分担を明記してあります。司会の仕事

はわかりやすいですが，副司会の仕事が曖昧になっていることがあります。副司会の大事な仕事としてタイムキーパーがあります。タイムキーパーがいることによって，子どもたちがタイムマネジメントをし始めます。

②スライド２　クラス会議の流れ

　子どもたちの主体性を育む活動とはいえ，受け身で参加している子がいないわけではないでしょう。全体の見通しをもって主体的に参加できる子もいます。先が見通せることで，不安感の軽減につながります。

③スライド３　輪になる・あいさつ

　輪になることは，クラス会議でねらう子どもたちの関係性，対等性の象徴です。クラス会議を支える基盤となる態度と言えます。きっちりきれいになっていることが必ずしもよいというわけではありませんが，互いの顔が見える並びになっているか子どもたち同士で声をかけ合ってほしいものです。また，最初のあいさつでは，穏やかにしっとり始めたいクラスはこのマニュアルの通りでなくてもけっこうです。教師や子どもたちの個性に合わせたスタートにすればいいのではないでしょうか。これは，明るく元気に始めたいク

ラス用と捉えてください。

3

輪になる・あいさつ

- コンパスで描いたようなきれいな輪になりましょう。
- 司会：これから第〇回クラス会議を始めます。
- 拍手で盛り上げてください。
- （例）
  全員：イエーイ
  司会：せーの
  全員：（拍手で）パン・パパ・パン

---

④スライド4　話し合いのルール

　クラス会議2時間目で決めた話し合いのルールを読み上げます。ここに示したものは例ですので，自分のクラスの約束に書き換えてください。

4

話し合いのルール（例）

- あいづち，うなずきなどをしながら「聴いているよ」というサインを送ろう
- 相手の気持ちを考えて自分の意見を伝えよう
- 積極的に話し合いに参加しよう

---

⑤スライド5　Happy，Thank you，Nice

　プログラム通りやってきていれば，既に何回か実施している活動なので，抵抗なくできる子どもが多いとは思いますが，大勢の前で肯定的な感情を出すことに抵抗がある子どももいることでしょう。「パス」した場合でも，「パス」と言うことも勇気だと伝えてほしいです。

⑥スライド6　前回の解決策のふりかえり

　問題解決力のある集団になるためには，自分たちで自分たちの取り組みを適切に評価する能力が必須です。教師に叱られることや注意を受けることなく，自分たちの力で問題を解決できたことが，子どもたちの自己肯定感を高めます。したがって，前回の解決策のふりかえりを「いい加減」にしてはいけません。短い時間でもしっかりとふりかえることが望まれます。

　「うまくいっていない」と言っている子がいるのにそれをスルーすることがあると，この時間が「儀式」だと捉えられてしまい，クラス会議はその効果を失う可能性があります。できたことはしっかりと全員で確認し，うまくいっていないならどうするかという次のアクションにつなげることが大事です。

6 　　　　　**前回の解決策のふりかえり**

- 司会：前回の議題と解決策をふりかえります。
　　　　前回の議題提案者の〇〇さん，解決策はうまくいってい
　　　　ますか？
- （みんなにかかわる議題の場合は，みんなにも聞いてください）
- （うまくいっていない）
- 司会：今の解決方法をもう1週間続けてみますか，違う解決策
　　　　を話し合いますか？
- （違う方法を試す場合は，みんなから，提案してもらってください）

---

⑦スライド7　議題の提案

7 　　　　　　　　**議題の提案**

- 司会：今日の議題は〇〇さんからの議題で，「・・・・・・・・・・」で
　　　　す。理由は「・・・・・・」です。〇〇さん，この議題は解決し
　　　　ましたか？話し合いますか？
- （話し合わない場合は次の議題へ。話し合う場合は以下へ）
- 司会：〇〇さんに聞きたいことはありますか？
- （〇〇さんが，なぜ議題を提案したかみんなで知りましょう）
　（例）どんなことがあったのですか？
　　　　もう試してみたことはありますか？
　　　　アドバイスが欲しいですか？みんなでルールを決めた
　　　　いですか？

　本書のプログラムは週1回の実施を想定しています。議題の投函日によっ
ては，話し合いまでに時間が経っていることがあります。そうすると議題の
なかには，解決しているものが含まれていることもあります。そのため，話
し合うかどうかの意思を確認します。

また，クラス会議の目的は，共同体感覚の育成であると前章で述べましたが，議題提案者への共感なくしてクラス会議は成り立ちません。議題提案者に対する質問の内容で，議題提案者の心情にどれくらい寄り添っているのかが推測できます。そもそも質問が出ない場合は，余程わかりやすい議題だったか，議題に興味をもっていないかだと考えられます。

　よって，ここで親身な質問や，議題提案者を思いやる質問がある程度出るか否かによって子どもたちの育ちがわかります。子どもたちのほとんどが，議題提案者に共感するというのは導入期には難しい場合があるでしょう。議題提案者に対する共感が薄い場合，また，議題への関心が低い場合は，「どうして○○さんは，議題を提案したのでしょう？」「この議題が解決しないと○○さん（クラス）に，どういうことが起こるでしょうか？」などと問いかけ，議題への関心を高めたいものです。

⑧スライド8　ゴールの確認

8
ゴールの確認

・司会：今日の話し合いで，最後に決めるのは①○○さんですか？②みんなですか？
　①の場合：今日は○○さんにアドバイスをします。
　②の場合：今日はみんなで決めます。

　クラス会議が従来の学級会と異なる点に，個人議題を扱うことがあります。従来の学級会では，個人議題を扱わないのが一般的です。そのため，クラス会議の経験値が少ない先生方は，個人議題の解決策を多数決で決めるような

ことをする場合があります。

　例えば，「朝早く起きられなくて困っている」というような議題は，多数決には不適切です。「〇時までに寝る」なんてことをクラスの決まりにしてはならないわけです。ですから，この議題が，個人議題か集団議題かを明確にしたうえで，最終決定者を確認します。お悩み相談なのか，集団決定を伴う合意形成を要する事案なのか，ここではっきりさせておくことによって，話し合いがスムーズに流れることでしょう。

　スライド7の議題への関心を高めることとともに，最終決定者の確認はクラス会議の成功の要因を握る重要なパーツです。

⑨スライド9，10　解決策を集める，たくさん意見を集めるコツ

9
解決策を集める

- 司会：（今日の議題）について解決策を集めます。
  　　　考える時間を〇分とります。
- 司会：では，私から順番に発表を始めます。
  　　　（たくさん意見を集めるポイントを示しながら言う）
- 司会：（議題提案者の様子を見て）
  　　　〇〇さん，このまま話し合いを続けていいですか？
  　　　何か言いたいことはありませんか？

　全体議題の場合はあまり起こらないことですが，個人議題の場合は，出された解決策が，議題提案者にとっては既に試したことがあるものの場合があります。議題提案者の表情を見ながら，3分の1くらいの意見が出たところで，一度，議題提案者に思ったことを聞いてみてもいいかもしれません。勿論，議題提案者がとても興味深く参加しているようならばその必要もないかもしれません。

また，ブレインストーミングの方法を「たくさん意見を集めるコツ」として提示します。このスライドは，教科指導等で使用することもあります。

⑩スライド11，12，13　解決策を比べる，よりよい解決策を見つけるコツ，
　　　　　　　　　　　よりよい解決策を決めるポイント

　解決策を比べる活動は，Very Short Version では，省かれますが，アドラー心理学における「しつけ」に関わる重要なパーツです。「しつけ」という言葉が何となく違和感のある方には，自己指導能力の育成という言葉を使いたいと思います。アドラー心理学では，褒美や罰による指導を容認しません。それでは主体性を育てることにならないからです。褒美を目当てに適切な行動をしても，自己の快感を求める心情が育つだけで，共同体感覚にはつながりません。また，罰による強制は，相手に対する敬意を失うことから，他者の信頼を損ねるからです。

11　　　　　　　　**解決策を比べる**

- 司会：解決策を比べましょう。

　　　　それぞれの意見に対して，賛成意見，心配意見はあり
　　　　ません。
　　　　（よりよい解決策を見つけるコツを示す）
　　　　考える時間を○分取ります。
　　　　周りの人とどんどん意見交換しましょう。
- 司会：私から順番に発表します。

　　　　（1周して時間があるなら，もう1周するか，フリートークを
　　　　しよう）

12

よりよい解決策を見つけるコツ

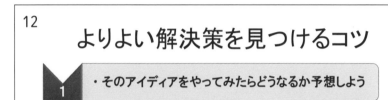

1 ・そのアイディアをやってみたらどうなるか予想しよう

2 ・①効果があるか（解決するか）
　　・②やりやすいか　　　　　　　　　を考えよう

3 ・できるだけ多くのアイディアに賛成（よいところ）と
　　心配（気になるところ）を言おう

　そこでアドラー心理学では，論理的結末という手法を使います。簡単に言うと「それをしたらどうなるか」を考える営みです。もしも，その行為をしたならば，自他に対して不利益が生じる場合はその行為を選択しない，一方で，逆に自他に対して利益が生じると考えられる行動を選択する，そうした力を育てたいわけです。

　教師は個別指導でこうした問いかけをし，子どもの判断力を育てようとし

ていると思いますが，クラス会議ではそれを集団でやります。複数で多方面からの検討を通して，よりよい選択ができるように検討し合うわけです。ある程度のメンバーに論理的結末の検討能力が育つと，いざこざは激減します。

　私のクラスの事例で言うと，次のようなことがありました。クラスメイトとトラブルになった子がクラス会議に個人議題を出しました。すると議題提案者への質問の場面で，ある子が「相手とは話し合いましたか？」と尋ねたら，議題提案者は「あ，まだです。やってみます」と結論づけ，そこで話し合いは終わりました。質問者も議題提案者も，話し合えば何とかなると見通しをもっていたと思われます。議題を提案したときは，恐らく感情的になっていて気づかなかったのではないでしょうか。

　スライド13は，よりよい解決策を見つけるために，子どもたちに適切な解決策を見つける視点を伝えるときに使用します。視点は，①問題解決のために効果が期待できること，②実行が容易であること，の２つです。こうした視点で，意見を検討する機会を通じて，人生における課題に対して，感情的になったり自暴自棄になったりせず，仲間というリソースをうまく活用しながら，現実的な解決策を策定する力をつけていきます。

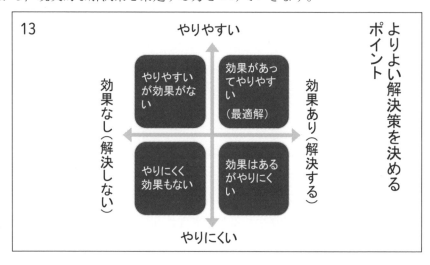

スライド12を補足したいときにスライド13を見せ，図示しながら，右上の解決策を見つけましょうと投げ掛けるとわかりやすいでしょう。

⑪スライド14，15　解決策を決める，決めるときに大事にしたいこと

全体議題においては，合意形成が図られますが，子どもの人数や一単位時間という枠のなかでは，意見が一つに収束するということは稀だと考えています。その場合，多数決をとることがあります。多数決に対して否定的な意見があることは承知していますが，本書のプログラムでは，多数決を否定しません。「決まらないときは多数決を取りますよ」と合意を得ておけば，それも一つの合意形成ではないでしょうか。

しかし，私も安易な多数決には反対します。議論をしっかりしたうえで多数決をとるようにしたいものです。ただ，以下のような場合，多数決は望ましくありません。

①クラスに対立的な人間関係があるとき

②クラスの人間関係に明らかな上下関係があるとき

クラスに対立や明確な上下関係があるときは，それが多数決，および意思決定に反映されてしまい，民主的な決定にはなりません。そうしたときは，教師が積極的に介入し，折衷案を提示するなどして利害関係を調整した方がいいでしょう。また，人間関係が悪いときは，集団が対立しそうな議題は避けて，個人議題の話し合いにしたらよろしいと思います。個人議題の場合は，対立構造になりにくいし，合意形成を必要としないからです。話し合うことで，クラスの関係が悪化するなら，潔くやめるのも賢い選択です。

多数決ができるような状態のクラスでも，気をつけたいことがあります。ときどき，クラス会議の実践を見せていただくと，過半数に至っていない意見が選択されることがありますが，それは相対多数の状態であり，意思決定には不適切です。上位いくつかの意見を取りあげて，決選投票をするなどして，過半数を超える意見を選択するようにします。

そうした事態を避けるために，よくとられるのは，「多重投票法」を応用

14

解決策を決める

- みんなの議題：意見が分かれていたら多数決
- 個人の議題　：議題提案者が選ぶ。
- 司会：決まったことは，「‥‥‥‥‥」です。
  　　　　（応援の気持ちを込めて）拍手〜！
- 司会：議題提案者の〇〇さん，何か言いたいことがあればお
  　　　　願いします。

15 # 決めるときに大事にしたいこと

どれが一番優れ
ているか（競争）

力を合わせてよ
い解決策を探す
（協力）

した方法です。多重投票とは，出た意見のある一定割合，例えば，2分の1，3分の1を選択する方法です。30の意見が出たら，15または10個の意見を選択します。そうすると，過半数を超える意見は必ず出ます。しかし，子どもの場合，10個選んでとか15個選んでと言っても，正確に選ぶことは難しいでしょう。だから，「このなかで，よいと思うもの全てに手を挙げてください」と言います。結果的に，決定に反映されない子どもの意思が少なくなり，多

くの子どもの意見が決定に反映されることとなります。

　話し合いのスキルが未熟なクラスは，意思決定の際に，「誰の意見が選ばれたか」に注目してしまうことがありますが，クラス会議は問題解決のためによりよい解決策を探す時間です。普段から，協力してよりよいものを探索することが大事であることを伝えていただきたいと思います。競争原理で生きている子どもたちに，共創や協同の価値を理解してもらうことはそう容易いことではありません。しかし，継続することで協力原理を理解する子どもは確実に増えるでしょう。

⑫スライド16　先生のお話・あいさつ

16

先生のお話・あいさつ

- 司会：〇〇先生お願いします。
- 司会：これで，第〇回クラス会議を終わります。
- （例）
  全員：イエーイ
  司会：せーの
  全員：（拍手で）パン・パパ・パン

　教師のフィードバックの意義とその視点については前述しましたので，クラス会議後のことを述べます。いわゆるよい話し合いが行われることがクラス会議の成功ではありません。授業がどんなに盛りあがっても，子どもたちに力がついていなかったらそれは，よい授業と言えないように，クラス会議の価値を決めるのは，クラス会議後に起こるアクションです。

　話し合ったことが反映されて何らかの行動が起こり，問題が解決したら，それはよいクラス会議だったのです。逆に話し合いがとても盛りあがっても，

問題解決につながっていなかったら，それは成功しているとは言えないでしょう。教師は，クラス会議後の子どもの姿にこそ注目し，アクションを起こしていることやアクションを起こそうとしている姿をしっかり勇気づけることが大事です。

10 書記マニュアル

　クラス会議にとって，黒板の記録はとても大事です。板書は，子どもたちの思考の基地になるからです。子どもたちは話しながら，随時，黒板を見て，自分の考えを整理したり他者の考えを検討したりします。板書は特別にきれいである必要はありませんが，構造化され，見やすいものになっていた方がいいでしょう。サンプルをp.197の図3－3に示しました。

　「クラス会議のタイトル」や「議題」などの表示物は，厚紙などで作成して，開始前に黒板に貼れば毎回書かなくて済みます。「前回のふりかえり」の隣には，教室掲示用の前回の議題と決まったことをそのまま貼り，それを見ながら振り返りをします。議題の周辺のスペースには，議題に対する質問をメモしてもいいかもしれません。

　解決策として出された意見には番号をつけておきます。「解決策を比べる」の場面で「〇番が心配です」などと指摘しやすくなります。解決策と解決策の間は子どもの拳2つ分くらいのスペースを空けておくと，賛成意見や心配意見，質問が書き込めるでしょう。賛成意見と心配意見，質問は色を変えて表記するのがわかりやすいです。どんな色にするかは，子どもたちの視力の状態で各教師が判断してください。

　多数決をした場合は，各意見の番号の上に記入すると見やすいです。選択された意見，つまり決定事項には「花丸」のようなマークをつけるクラスが多いです。

　黒板書記の人数は，子どもが担当する場合は2名程度が適切です。1人だと，黒板書記が書いている間，発言者は待たなくてはなりません。2人だと，

1人が書いている間に発言があっても，もう1人が聞くことができるのでテンポよく進めることができます。最初の頃は，教師が1人で，やがて教師と子どもが2人で，そして最終的には子どもだけで担当するというクラスが多いです。

　黒板書記の立ち位置ですが，「Happy, Thank you, Nice」のときは，輪の中にいて，「前回のふりかえり」の場面で黒板前に出てくるクラスもあれば，最初から黒板の両端にいすを置いて着席しているクラスもあります。子どもたちのやりやすい形で実施していただければと思います。

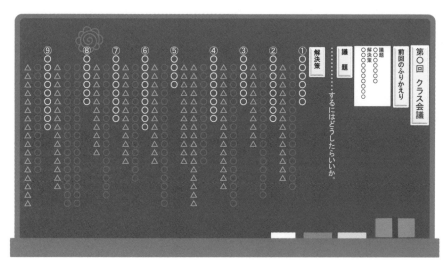

図3－3　黒板の書き方例

3 評価のポイント

1 評価規準の例

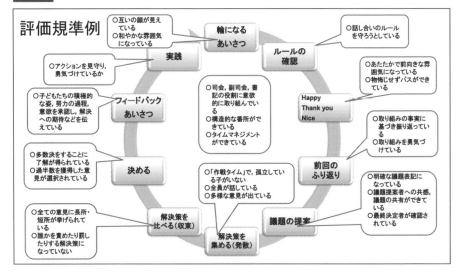

評価規準例

- ○互いの顔が見えている
- ○和やかな雰囲気になっている

輪になるあいさつ

- ○話し合いのルールを守ろうとしている

ルールの確認

実践
- ○アクションを見守り,勇気づけているか

- ○あたたかで前向きな雰囲気になっている
- ○物怖じせずパスができている

フィードバックあいさつ
- ○子どもたちの積極的な姿,努力の過程,意欲を承認し,解決への期待などを伝えている

- ○司会,副司会,書記の役割に意欲的に取り組んでいる
- ○構造的な番所ができている
- ○タイムマネジメントができている

Happy Thank you Nice

- ○取り組みの事実に基づき振り返っている
- ○取り組みを勇気づけている

前回のふり返り

決める
- ○多数決をすることに了解が得られている
- ○過半数を獲得した意見が選択されている

- ○「作戦タイム」で,孤立している子がいない
- ○全員が話している
- ○多様な意見が出ている

解決策を比べる(収束)
- ○全ての意見に長所・短所が挙げられている
- ○誰かを責めたり罰したりする解決策になっていない

解決策を集める(発散)

議題の提案
- ○明確な議題表記になっている
- ○議題提案者への共感,議題の共有ができている
- ○最終決定者が確認されている

図3-4 クラス会議(問題解決場面)の評価規準例

クラス会議を実施していても,どこをどう評価して声をかけていいかわからないという声を聞きます。クラス会議のあり方は,実施する教師や子どもの考え方や行動によって何通りも存在し,したがって「成功例」と呼ばれるものも無数にあると思われます。教師と子どもが信頼と尊敬でつながり,それぞれに共同体感覚が発達させられれば,それは全て機能したと捉えることができます。だから本来的には,単一のマニュアルやそれに伴う評価などは設定しにくい活動だと考えています。

しかし,本書では指導案という形でマニュアルを設定し,クラス会議の一つのあり方を示しました。目的を達成するためには,当然「やりっ放し」で

は，形骸化するだけで機能しません。教師が明確な視点をもって子どもたちに適切な声かけをしていくことで，マニュアルは機能していくことでしょう。そこで，本書に示した方法論を実施するときの評価の視点，つまりクラス会議を見るべきポイントを前頁の図3－4に示しました。これまでの説明と重複するところもありますが，本章の復習の意味合いもかねて，説明を試みます。

① 輪になる，あいさつ
○互いの顔が見えている
○和やかな雰囲気になっている

　問題解決は冒頭の雰囲気がとても大事です。直前にトラブルがあったり，注意や叱責をしたりした後のクラス会議は本来的に望ましくありません。できれば冗談の1つ，2つでも交わして，雰囲気をほぐして始めたいものです。「Happy，Thank you，Nice」がアイスブレイクの役割をしてはいますが，それに入るまでにどれくらい雰囲気をほぐせるかが，クラス会議の成功の鍵を握っています。

　また，輪になるときは互いの顔が見える位置で着席していることを確認してください。そうなっていなかったら「みんなの顔，見えていますか？」「コンパスで描いたような円になっていますか？」と尋ねてみてください。

② ルールの確認
○話し合いのルールを守ろうとしている

　プログラムの2時間目に決めた安心して話し合うためのルールを読み上げる場面ですが，毎回読み上げていると形骸化してくる場合もあります。この場面だけでなく，話し合いの途中でも注意喚起したいときや，また，よくできているときに，このルールを確認したいです。とくに，できている場面を見つけたときには，「今，話し合いのルールが守られていますね」と伝えてはいかがでしょうか。

③ Happy，Thank you，Nice
○あたたかで前向きな雰囲気になっている
○物怖じせずパスができている

　発表できたか，できないかよりも，他者の発表に対してどのような姿で向き合っているかに注目します。「○○さんの発表に，△△さんも嬉しそうだね」と他者の肯定的感情に共感する姿に対して声をかけてみてください。

　パスするときに申し訳なさそうにしている子には，「パスも立派な発表だよ」と声をかけ，パスをする際に不全感をあまりもたないよう配慮します。

④　前回のふり返り
○取り組みの事実に基づき振り返っている
○取り組みを勇気づけている

　前述したように，「うまくいっている」「うまくいっていない」という結果だけでなく，「なぜ，うまくいっていると判断したか」「なぜ，うまくいっていないと判断したか」の事実を確認して，それに基づき，達成を労ったり，喜んだり，問題が残るならそれをどうするか検討したりしてみてください。

　問題を解決した場合は，「自分たちで問題解決できるなんてすてきだね」とか「悩みが解決してよかったね」などと，尊敬や喜びを伝えてください。

⑤　議題の提案
○明確な議題表記になっている
○議題提案者への共感，議題の共有ができている
○最終決定者が確認されている

　議題が曖昧な場合は，議題提案者に確認しながら「……するためにはどうしたらいいか」や「みんなのやる気が出る運動会のスローガンを決めよう」などと「行動表記型」にして，ゴールの見えやすい形にするといいでしょう。

　また，議題の提案がなされたときに，子どもたちのモチベーションが低いと感じたら，議題を提案した理由や，それが解決したらどうなるか，解決し

なかったらどうなるかを考えるなどして，議題提案者への共感や議題の共有を図りましょう。

　最終決定者が曖昧な場合は，「今日，最後に決めるのは○○さん（みんな）ですね」などと確認することがあってもいいでしょう。

⑥　解決策を集める（発散）
○「作戦タイム」で，孤立している子がいない
○全員が話している
○多様な意見が出ている

　「作戦タイム」で孤立していたり，所在なさそうにしたりしている子がいる場合は，近くの子とペアやグループになるように周囲の子や本人に促してください。一人でじっくりと考えている子は，見守ります。

　「作戦タイム」や「グループディスカッション」で，発言をしていない子がいた場合は，ブレインストーミングの約束を思い出させたり，「○○さんは，どう思う？」などと声をかけたりして，参加を促します。同じ意見が続き，意見の広がりが見られない場合は，司会に作戦タイムを設けるように促したり，直接介入し「異なる見方」を例示したりして，多様な意見が出るように声かけをします。

⑦　解決策を比べる（収束）
○全ての意見に長所・短所が挙げられている
○誰かを責めたり罰したりする解決策になっていない

　意見の比較の場面で，賛成や心配の意見が示されず未検討の意見がある場合は，その意見も検討するように促してください。ただし，意見の数が多く，全ての意見の検討に無理がある場合は除きます。

　また，個人の責任を追及したり，失敗を責めたり罰したりするような意見が出て，それが選択されることが予想されたら介入して，「それをした場合，それに当てはまる人は，よい感情を味わうでしょうか，問題を解決する気持

ちになるでしょうか」と問いかけ，解決策としては不適切であることを指摘するのがいいでしょう。

⑧　決める
○多数決をすることに了解が得られている
○過半数を獲得した意見が選択されている

　多数決をとる段階で，不満を表出する子がいる場合は，もう少し話し合いをもつかどうか尋ねてみてください。しかし，できるならばそれまでに，決まらないなら多数決をとることを事前に伝えて，時間内に決めるという習慣を定着させたいものです。話し合いの延長や継続を望んでいない子がいることが想定されます。決められた時間でしっかり議論をして決めるという習慣をもつ方が，長期的にはクラスにメリットがあります。

　また，先ほども述べたように，相対多数で決定しようとしたら，決選投票や多重投票をするなどして過半数を超える意見を選択するように促します。

⑨　フィードバック，あいさつ
○子どもたちの積極的な姿，努力の過程，意欲を承認し，解決への期待などを伝えている

　教師が何を見て，どのように子どもに伝えるかは，子どもたちに大きな影響を与えます。話の聞き方，言い方などルール面に注目する教師のもとでは，子どもたちは，聞き方，言い方などコミュニケーションスキルの重要性に関心を寄せますが，他者を思いやったことや協力して問題解決に積極的に取り組もうとしたことをフィードバックする教師のもとでは，思いやりや協力に価値を置くようになります。

　クラス会議の受け取りは，子ども一人一人一様ではありません。教師のフィードバックが，共通認識として子どもに理解されます。

⑩　実践

○アクションを見守り，勇気づけているか

　これまで繰り返し述べてきましたが，話し合いの成功がクラス会議の成功ではありません。話し合いの成功は，クラス会議の成功のためのプロセスのひとつに過ぎません。クラスメートを支援し，支援され，自分たちの力で学級生活が変わるといった体験を通して，他者とつながって生きるための知識や態度やスキルが身についたとき，クラス会議は成功したと言えるのです。

　したがって，話し合いの後に生じる実感や起こるアクションに注目することを忘れてはならないのです。個人の悩み相談の後には，ときどき，「この前のお悩み，解決した？」「その後，調子はどうだい？」などと声をかけてみて，もし解決したら「よかったね」と喜んだり「思い切って相談したからだね」とその勇気を称えてみたりするのもいいでしょう。

　また，クラス全体の課題を話し合ってルールを決めたり，アクションを決めたりしたら，ルールを守ろうとしたりアクションを起こそうとする動きを見つけては，「さっそく取り組んでいる人たちがいますね」「自分たちで決めたことを自分たちでやるってすてきなことだね」とその努力をすかさずフィードバックすることも忘れないようにしたいものです。クラス会議に長く取り組んでいると，いつしか話し合うことが目的化してしまい，話し合いで解決策が出されたことに満足して，その後の見取りやフィードバックを忘れてしまうことがあります。

　子どもたちは教師が何に関心をもって何を見て，何を評価しているかを見ていますので，教師が話し合いばかりに注目しその後への注目を怠ると，子どもたちの関心も話し合いの成功に向けられるようになる可能性があります。特にクラス会議が機能する途上の段階では，子どもたちが改善のためにアクションを起こそうとした「意欲」や取り組んでいる「姿勢・過程」を見つけ，それを「ほめる」（例：えらい，すごい）のではなく「喜ぶ」（例：うれしい）ようにします。うまくいかなかったからといって，叱るのは不適切な指導です。

2 ふりかえり用紙

ふりかえり

月 日： 年 組 名前

1 クラス会議で思ったこと，感じたこと，学んだこと

2 今日のクラス会議について，あてはまる数字に〇をつけてください
　5：とてもそう思う　4：少しそう思う　3：どちらでもない　2：あまりそう思わない　1：まったくそう思わない

①クラス会議は，楽しかった。
　5－4－3－2－1

②クラス会議は，自分のためになった。
　5－4－3－2－1

③自分は，誰かの役に立っている。
　5－4－3－2－1

④自分の気持ちや考えは，他の人にわかってもらった。
　5－4－3－2－1

⑤自分は他の人の考えをわかろうとした。
　5－4－3－2－1

⑥自分は他の人の気持ちを考えて意見を言った。
　5－4－3－2－1

⑦人を責めることより，問題を解決することが大事だと思った。
　5－4－3－2－1

⑧自分のいいところに気づいた。
　5－4－3－2－1

⑨他の人のいいところに気づいた。
　5－4－3－2－1

⑩真剣に話し合いに参加した。
　5－4－3－2－1

クラス会議を継続して実施すると恐らく学級生活のあちこちでその効果を感じることができると思います。しかし，クラス会議は，クラス改善にとって漢方薬のようなもので，即効性のあるものではありません。実施していて本当に効き目があるのか不安になることもあるでしょう。

　毎回のクラス会議で子どもたちがどんなことを感じていたか，振り返り用紙を書いてもらうことである程度の把握が可能になります。また，クラス会議の効果を実践論文や研究発表する際に，何らかのデータが必要となります。実施者の効果の実感も重要なデータには間違いありませんが，そこに数値や子どもの生の声が加わることで，説得力が増します。

　前頁のふりかえり用紙は，自由記述と質問項目の２つのパーツから成り立っています。１は自由記述欄です。その日のクラス会議で思ったこと，感じたこと，学んだことを好きに書いてもらいます。２は，本プログラムで子どもたちに伝えたいことや，期待する価値や態度やスキルが中心となって構成されています。自由記述は，日常指導に使用できるでしょう。「昨日のクラス会議で○○さんがこんなことを書いていました。先生も同じことを思ったのでなんだか嬉しくなりました」などのように，クラス会議で起こったこと，望ましい出来事などの意味づけや強化の材料となります。質問項目は，ある程度蓄積したら，グラフ化して子どもたちに見せて，できているところやこれから努力していった方がいいことを共有するのに役立ちます。

引用文献

1　J. ネルセン，L. ロット，H. S. グレン，会沢信彦訳『クラス会議で子どもが変わる　アドラー心理学でポジティブ学級づくり』コスモス・ライブラリー，2000

2　石井遼介『心理的安全性のつくりかた』日本能率協会マネジメントセンター，2020

3　エイミー・C・エドモンドソン，野津智子訳『恐れのない組織　「心理的安全性」が学習・イノベーション・成長をもたらす』英治出版，2021

4　前掲2

5　前掲2

おわりに

　本書を手に取り，ここまで読んでくださった皆様，本当にありがとうございました。春発刊の書籍は，私の場合は最も作業が捗るのが，大体９月なのですが，今年はとても忙しく，心理的安全性をテーマに書籍を書きながら，私自身は相当に追い詰められていました。

　例年９月は，外部の仕事はほとんどお断りして，学内の仕事と執筆に集中するわけですが，今年度は新型コロナウィルス感染に伴う制限解除の影響なのかいつになく外部からのご依頼が多くありました。なかには，どうしても「断れない筋」の仕事もあり，お引き受けせざるを得ませんでした。お引き受けした以上はいい加減なことはできませんので，それなりの準備時間を要し，その分，執筆時間を確保するのが難しかったです。

　また，私の執筆時間の確保を困難にしていたもう一つの大きな要因は教育実習でした。私の所属する上越教育大学では，９月に初等教育実習があります。ゼミを担当する教員は，ゼミ生の研究授業の日は参観に行かねばなりません。学内の正規の業務ですから最優先でしなくてはならないことですが，今年度は初等教育実習をするメンバーが10人で，例年よりも多くなっていました。10校10時間分の授業参観とその後のリフレクションをするとなると相当な時間が必要でした。

　限られた期間ですので，10校巡るのはなかなか至難の業でした。２時間の参観をしなくてならない日があり，それが別々の学校の２限と３限に実施するというのです。その感覚は僅か10分でした。カーナビを見ると学校間は，７分で移動が可能でしたが，教室から教室までの移動はその時間で足りるわけがありません。彼ら彼女らが一生懸命準備した授業は全部見てあげたいと思うと，冷や汗をかきながらの移動となりました。

　幸いにして双方の授業を１分も欠けることなく，また，事故を起こすこともなく無事に参観ができました。それはよかったのですが，そうした日常のなかで執筆をしていくというのは，かなりの無理がありました。教育実習が

終わると県外で対面の校内研修があったり，オンライン講座を担当したりしたので，実習が終わったら執筆に集中できるかといったらそういうわけでもありませんでした。

　にもかかわらず，このハードな期間で約200ページの書籍をまとめることができたのは，大好きなクラス会議の話を書くことができたことと，また，教育実習で参観した実習生の授業や県外の校内研修で参観させていただいたクラス会議の授業から，「熱」をもらったからに他なりません。

　実習生の授業は，技術的に未熟でした。しかし，1時間の授業に向き合う姿勢がすばらしかったです。恐らく相当に準備したであろう授業は，実によく計画されていました。しかし，私が感動したのは，そこではなく，実習生と児童，そして指導教員である担任の先生との関係性でした。その日に至るまでの児童，そして先生との関係づくりを丁寧にやってきたことが伝わってきました。なんだかんだ言われる教師と子どもの関係づくりや新人教育ではありますが，こんなにしっかりやれている現場があることを目の当たりにしました。

　また，校内研修では，全校でクラス会議に取り組む先生方の授業を見せていただきました。6年生の教室では，担任の先生が熱い語りで子どもたちのモチベーションに火をつけていました。また，そのほとばしるような思いを受け止めて，子どもたちが熱のこもった話し合いをしていました。「まだ，こんなに熱い教室があるじゃないか」と胸が躍りました。

　そういう胸躍るような現場の姿を見たことで，時間的なハードさと背中合わせでワクワクしながら書いたのがこの一冊です。皆様の心に，何かが届けば幸いです。最後になりましたが，本書の企画を立ち上げてくださった明治図書の及川誠さん，また，丁寧な編集で著者の粗い仕事をカバーしてくださった杉浦佐和子さん，そして，イメージ通りのイラストを描いてくださった木村美穂さん，こうした本気の皆さんのおかげで今回も著作をお届けすることができました。心よりお礼を申し上げます。

2024年2月　赤坂真二

【著者紹介】
赤坂　真二（あかさか　しんじ）
1965年新潟県生まれ。上越教育大学教職大学院教授。学校心理士。19年間の小学校勤務では，アドラー心理学的アプローチの学級経営に取り組み，子どものやる気と自信を高める学級づくりについて実証的な研究を進めてきた。2008年4月から，これから現場に立つ若手教師の育成，主に小中学校現職教師の再教育に関わりながら，講演や執筆を行う。

【著書】
『スペシャリスト直伝！　学級づくり成功の極意』(2011)，『スペシャリスト直伝！　学級を最高のチームにする極意』(2013)，『スペシャリスト直伝！　成功する自治的集団を育てる学級づくりの極意』(2016)，『スペシャリスト直伝！　主体性とやる気を引き出す学級づくりの極意』(2017)，『最高の学級づくりパーフェクトガイド』(2018)，『資質・能力を育てる問題解決型学級経営』(2018)，『アドラー心理学で変わる学級経営　勇気づけのクラスづくり』(2019)，『学級経営大全』(2020)，『アドラー心理学で考える学級経営　学級崩壊と荒れに向き合う』(2021)，『個別最適な学び×協働的な学びを実現する学級経営』(2022)，『指導力のある学級担任がやっているたったひとつのこと』(2023) 他，編著書など多数。

明日も行きたい教室づくり
クラス会議で育てる心理的安全性

2024年3月初版第1刷刊　Ⓒ著　者　赤　坂　真　二
　　　　　　　　　　発行者　藤　原　光　政
　　　　　　　　　　発行所　明治図書出版株式会社
　　　　　　　　　　　　　http://www.meijitosho.co.jp
　　　　　　　　　　(企画)及川　誠 (校正)杉浦佐和子
　　　　　　　〒114-0023　東京都北区滝野川7-46-1
　　　　　　　振替00160-5-151318　電話03(5907)6703
　　　　　　　　　　　ご注文窓口　電話03(5907)6668
＊検印省略　　　　　組版所　株　式　会　社　カ　シ　ヨ

Printed in Japan　　　　　ISBN978-4-18-329222-3
もれなくクーポンがもらえる！読者アンケートはこちらから